NUNCA TE RINDAS

CAMPEONES NO SON AQUELLOS
QUE NUNCA FRACASAN, SINO
AQUELLOS QUE **NUNCA SE RINDEN.**

D1214376

NUNCA TE RINDAS

CAMPEONES NO SON AQUELLOS
QUE NUNCA FRACASAN, SINO
AQUELLOS QUE **NUNCA SE RINDEN.**

Ed Cole

El Autor Más Leído Mundialmente en el Tema de Hombres

WHITAKER
HOUSE

Traducido y editado por: Ofelia Perez

Nunca Te Rindas

Campeones no son aquellos que nunca fracasan, sino aquellos que nunca se rinden.

©2016 por Edwin Louis Cole
ISBN: 978-1-62911-634-1
Impreso en los Estados Unidos de América

Whitaker House
1030 Hunt Valley Circle
New Kensington, PA 15068
www.whitakerhouseespanol.com

1 2 3 4 5 6 7 8 9 10 11 **ᗌᒪ** 24 23 22 21 20 19 18 17 16

RECONOCIMIENTOS

Deseo reconocer los esfuerzos de mi hija, Joann Webster, no solo por asistirme en la redacción de este libro, sino también por enfrentarse al desafío de asegurarse de que así lo hiciera. Sus infatigables esfuerzos lo hicieron posible.

CONTENIDO

PARTE I

LA CRISIS DE LA ADVERSIDAD

CAPÍTULO 1

DIOS HARÁ UN CAMINO

La crisis es generalmente la razón detrás de los sentimientos de querer rendirnos.

En tiempos de crisis podemos ser tentados a decir "déjalo todo", "ríndete", "olvídalo". Rendirse y ceder durante una crisis es una de las decisiones más desmoralizadoras que podemos tomar. Sin embargo, enfrentar la crisis, y luego vencerla, puede guiarnos a nuestro mayor éxito.

La crisis es el resultado natural del cambio; de eso siempre podemos estar seguros. El mundo está en un cambio constante; la vida de las personas cambia, el clima de negocios fluctúa, los poderes del mundo se realinean, la historia sigue su curso. La tierra y nuestro medio ambiente evolucionan constantemente. La crisis resulta en cambio, y proviene del cambio. La crisis incluye cosas como cambios en el trabajo, conflictos familiares y presiones sociales.

Ambas, el cambio y la crisis son normales en la vida.

Las crisis que afrontamos, individualmente o grupalmente, pueden llevarnos a una vida mejor, o volverse degenerativas o perjudiciales. El resultado depende, no de la naturaleza del asunto, sino de lo que hacemos con la crisis.

Nunca es la circunstancia; siempre es lo que hacemos con ella lo que determina nuestro futuro.

La agonía del fracaso y los pensamientos que nos atormentan para que nos rindamos son sentimientos que comparten por igual los "ganadores" y los "perdedores".

Nunca es la circunstancia; siempre es lo que hacemos con ella lo que determina nuestro futuro.

Lo que las personas hacen con la situación es lo que separa a los ganadores de los perdedores. Los campeones no son aquellos que nunca fallan, sino aquellos que nunca se rinden.[1]

> Nunca es la circunstancia; siempre es lo que hacemos con ella lo que determina nuestro futuro.

Los psicólogos populares enseñan que las personas pueden controlar el resultado de sus crisis. "Tome control de su destino" es un grito de batalla. En sus teorías, dan a los seres humanos la doble responsabilidad de encarar la crisis, y controlar sus consecuencias.

La mitad de lo que dicen es correcto. En realidad, Dios nos da a cada uno la responsabilidad de conducirnos en los tiempos de cambio y crisis, de manera consistente con su Palabra y su carácter. Pero Él controla los resultados por nosotros. Nosotros

1. Edwin Louis Cole, *Courage: Winning life's Toughest Battles* (Tulsa: Harrison House, 1985), p. 155

hacemos nuestra parte; Él hace su parte. La diferencia entre lo que el mundo predica y lo que Dios enseña es sutil, y sin embargo, eternamente significativo.

Este libro ofrece tres poderosas herramientas que dan balance a nuestra responsabilidad con la divinidad de Dios: dos para ayudarnos a vencer a través de cualquier cambio o crisis, y una para ayudarnos a mantener la victoria obtenida. Mantener es siempre más difícil que obtener, así que la última herramienta es tan importante como las primeras dos. Tome estas verdades, aplíquelas a su vida, y en vez de vivir de crisis en crisis, comenzará a vivir de acuerdo con la Palabra de Dios, *"de gloria en gloria"*.[2]

Nunca sabemos cuándo va a venir la crisis. Alguien dijo una vez: "Usted está en una crisis o a punto de enfrentar una". Ese es el flujo y reflujo normal en la vida.

La crisis es común en la vida.

La crisis es normal para la vida.

Nadie puede vivir en esta vida sin una crisis.

El estrés que acompaña a la crisis es el factor que la hace tan insoportable.

Ahora que lo entendemos, veamos qué se puede hacer sobre eso, cómo manejarlo, dónde podemos encontrar ayuda, y cómo podemos hacer de una crisis un factor positivo en vez de negativo.

El estrés que acompaña a la crisis es el factor que la hace tan insoportable. Un deseo común de escape puede ser un deseo de

---

2. 2 Corintios 3:18

volver a tiempos de antes más simples, o a los tiempos de antes de menos presión en la historia.

Sin embargo, nuestros antepasados y ancestros no experimentaron menos estrés porque sus vidas fueran menos sofisticadas, o porque sus modos de comunicación los separaban de los métodos modernos y la marcha rápida del mundo del "fax" y del "módem".

Adán y Eva, como se registra en las Escrituras, huyeron al negar la autoridad de Dios, e intentaron esconderse de Dios. Su pecado produjo el estrés de la culpa, el miedo y deseos de esconderse.

Los hombres y las mujeres pioneros que descubrieron América vivieron en escasez mientras navegaban los mares. Sufrieron de constante aprensión, peligro, miedo y ansiedad a medida que avanzaban de este a oeste fundando la nación. Además de tener que alimentar a la familia, tenían la presión adicional de forjar una nueva nación económica, social y políticamente.

La historia hace referencia a la dura experiencia de los Donner, que trataron de llegar a California desde el este. Mientras estaban en la ruta, se enfrentaron con el clima agreste de las montañas Rocosas. Fueron atrapados por el invierno en las casi impenetrables montañas que tenían que trepar, e incapaces de continuar hasta el cambio de estación, los sobrevivientes recurrieron al canibalismo.

¡Eso es estrés! Eso es vivir en crisis.

Debido a que el estrés acompaña a la crisis, este es tan común en la vida como la crisis. Una cantidad apropiada de estrés, con su presión emocional, mental y física, es algo aceptable y hasta útil para nuestro bien.

Una cierta cantidad de presión es necesaria para afinar una guitarra o un piano, un negocio e incluso una persona. Las personas no están exentas. Es necesaria para una vida saludable. La buena condición física requiere algún estrés según aplicamos presión a los grupos musculares para tonificar y fortalecer nuestros cuerpos.

La presión que no se usa apropiadamente puede convertirse en la razón del desastre al romper la cuerda musical, causar un colapso mental, rasgar un músculo y, a veces, destruir una persona, un negocio o una familia.

El estrés puede venir de una variedad de fuentes, internas o externas, de adentro o de afuera.

El apóstol Pablo padeció dificultades mientras navegaba a Roma a bordo de un barco de prisioneros. Él le dijo al capitán que el barco podía estar en peligro de desastre si dejaba el puerto, porque el Señor le había advertido a él que se avecinaba una tormenta. El capitán no creyó la Palabra del Señor y escuchó otro consejo, y ordenó a la tripulación que navegara con Pablo y los otros prisioneros a bordo.

Cuando llegó la tormenta, el barco fue arrastrado por días a alta mar, y los marineros y pasajeros igualmente, temían por sus vidas ante la furia de la tormenta. El constante e implacable ventarrón causó miedo, ansiedad y alarma acerca de su destino.

Aunque Pablo era víctima de la decisión de otro, él tenía un ancla en su fe. Él fue fuerte en la oración mientras otros fueron débiles por el pánico. Reprendió la tormenta de rodillas. Aún habiéndose sujetado a la mala decisión de otro, Pablo no se desanimó. Escuchó al Señor decirle que si todos se quedaban en el barco, se salvarían. Cuando Pablo le dio al capitán la instrucción del Señor, esta vez escuchó, y llegaron a salvo a tierra.[3]

El capitán actuó en fe al confiar en la palabra de Pablo. Pablo actuó en fe al confiar en la Palabra de Dios.

Quizás encontremos personas cuyos errores nos traigan adversidad o pérdida; sin embargo aún nosotros, como Pablo, también tenemos un ancla para el alma: nuestra fe en Cristo. Como el capitán, tal vez perdamos algunas naves en nuestras vidas, pero si Dios está con nosotros en medio de la tormenta, no tenemos que perder nuestras vidas por el bien del barco.

Cuando llegamos a nuestro límite y pensamos que no queda nada en nosotros para enfrentarnos a las circunstancias de la vida; cuando no podemos ver nada más que pueda hacerse para acabar con la crisis; cuando no hay ningún entendimiento de qué hacer o qué camino tomar; cuando nuestro barco de finanzas, matrimonio, negocio o ministerio se está hundiendo y parece estar a punto de naufragar; cuando parece que estamos solos, desnudos y despojados de todo, las buenas nuevas son: ¡Dios es fiel![4]

Dios dice que Él es fiel a sus hijos, aun cuando ellos parecen estar totalmente desprovistos de fe.

Dios dice que Él es fiel a sus hijos, aun cuando ellos parecen estar totalmente desprovistos de fe. Aún cuando nuestras oraciones

---

3. Vea Hechos 27:9-44
4. Vea 1 Corintios 10:13

suenan huecas y parezca que rebotan en el techo, Él es fiel a nosotros. Dios tiene una perspectiva diferente de nuestras vidas. Nosotros vemos nuestra vida como un tapiz que, para nuestro lado, parece estar lleno de enredos y atolladeros, pero Él nos ve desde su perspectiva, el otro lado, que es el producto terminado.

Dios nunca falla.

Dios nunca se rinde.

Dios nunca termina nada en un negativo.

¡Dios es fiel!

Dios nunca termina nada en un negativo.

RECUERDE:

+ La crisis es generalmente la razón detrás de los sentimientos de querer rendirse.

+ La crisis es el resultado natural del cambio.

+ Las crisis que afrontamos, individualmente y grupalmente, pueden guiarnos a una vida mejor.

+ La crisis es normal en la vida.

+ La cantidad correcta de estrés puede usarse para motivarnos positivamente.

CAPÍTULO 2

DIOS LE SERÁ FIEL

D esde que Dios creó el universo con sus palabras, tiene el poder para detenerlo instantáneamente con otra palabra. Si Él puede crear o detener nuestro universo entero con una palabra, ¡cuánto más podrá vencer cualquier situación difícil en nuestras vidas!

Aquellos que han experimentado una relación personal con Dios en Cristo por el arrepentimiento y la fe, quienes han aprendido a confiar en Cristo como Señor y Salvador, pueden comprender la fidelidad de Dios, beneficiarse de la misma y entender su capacidad. Las Escrituras dicen que los hombres saben que hay un Dios por ley natural.[1] La conciencia del hombre, su deseo por lo eterno y la capacidad para la soledad afirman el hecho de que, en el fondo, todas las personas tienen un deseo natural por Dios, cuando hay eternidad y unidad con Él.

Una pregunta común de los incrédulos es: "Si hay un Dios, ¿por qué permite las guerras, los defectos de nacimiento, las enfermedades, etc.?". Puesto que saben en sus corazones que Dios debe existir, lo que ellos preguntan es: "¿Por qué Dios no usa su poder para detener o cambiar las cosas?".

---

1. Vea Romanos 2:15

Los cristianos, sin embargo, creen que Dios tiene el poder para hacer cualquier cosa. A menudo tienen dudas, no sobre la habilidad de Dios, sino sobre su fidelidad. La pregunta de ellos no es: "¿puede Él hacerlo? Sino: "¿lo hará por mí?". En el estado débil de su fe, ellos se preguntan: "¿actuará Él a mi favor?".

Aunque muchos creyentes creen que Dios es capaz, encuentran difícil aceptar que Él es fiel, y que Él actuará a favor de ellos. A diferencia de un incrédulo, nosotros creemos. ¡Pero como el incrédulo, a menudo no creemos que Él obrará para nosotros! Cuando no confiamos en que Dios obrará a nuestro favor, encontramos difícil obedecerlo.

La Escritura declara que Dios es ambas cosas: fiel y capaz.[2]

Debemos creer que Dios es fiel para ayudarnos.

El pecado causó las guerras, los defectos de nacimiento, las enfermedades y otros problemas que son plagas para la humanidad. No existían hasta que el pecado llegó al mundo. Debido a lo que el pecado, el egoísmo y Satanás les han hecho a la sociedad humana y al planeta, Dios hace por el hombre lo que este no puede hacer por sí mismo.

A través de Cristo, Dios provee una solución para los males del mundo. La victoria de los redimidos no es que ellos transforman el mundo, sino que vencen al mundo por el poder transformador del Espíritu de Dios en ellos.

A través de Cristo, su Espíritu nos resucita de la muerte en las transgresiones y pecados, y nos levanta a un reino de fe sobre el sistema del mundo y su iniquidad.

---

2. Vea Romanos 4:21

Las personas transponen los males de la sociedad, de sí mismos y de Satanás hacia Dios. Nuestro problema no es que Dios sea infiel, sino que el hombre es infiel. La transposición es un error común en el hombre. Un error típico de los escritores es transponer palabras cuando escriben, lo que altera el significado, transpone la teoría y la práctica. Esas transposiciones "atan" para "desatar". Uno de los principios del Reino de Dios es "... *encarga a hombres fieles, que sean idóneos para enseñar también a otros*".[3] Muy a menudo este principio es transpuesto en la práctica al encargar a hombres capaces, y luego tratar de hacerlos fieles. Al hacer esto, no solo pervertimos el significado, sino también frustramos la verdad.

Nuestro problema no es que Dios sea infiel, sino que el hombre es infiel.

Al transponer, tratamos de encontrar hombres con habilidad y luego hacerlos fieles. Eso lo hacen las mujeres en el matrimonio, los hombres en los negocios, los predicadores en el ministerio, todos con resultados trágicos. No es sabio confiar en un hombre infiel, aunque tenga talento o habilidad. Su talento no puede compensar su falta de carácter.

El carácter sostiene el talento.

La habilidad está construida sobre el talento y la práctica, pero el carácter está construido sobre la piedra angular de la fidelidad.

A nuestro alrededor vemos los escombros de fracasos de vidas, instituciones y negocios a causa de hombres talentosos, "capaces",

---

3. 2 Timoteo 2:2

pero infieles. Por otro lado, todo lo que es de valor ha sido edificado a través de los esfuerzos fieles de alguien.

El carácter sostiene el talento.

"Ahora bien, se requiere de los administradores, que cada uno sea hallado fiel", como la Escritura lo declara.[4]

Los hombres fieles son la piedra angular de la iglesia, de la nación y del mundo. Dios les encomienda el liderazgo de su iglesia a hombres fieles.

Fidelidad significa "ser firme en el cumplimiento de las promesas o en el cumplimiento del deber". También significa, "verdadero con respecto a los hechos, al modelo, a un original existente". Fidelidad es sinónimo de las palabras lealtad, constancia, devoción, firmeza y resolución. Implica adherencia inquebrantable; cumplimiento incondicional; resistencia firme a la tentación de traicionar; firmeza de apego emocional; fortaleza y resolución; inmunidad a las influencias que puedan debilitar; estable e incondicional en el amor, lealtad o convicción amor inquebrantable, guiado por convicción, y determinación para apoyar una causa o propósito.[5]

La fidelidad es una señal de madurez.

La constancia, la lealtad y la fuerza son su evidencia.

Dios requiere que los hombres sean fieles.

---

4. 1 Corintios 4:2
5. Diccionario Webster's Ninth New Collegiate. (Springfield, MA: Merriam – Webster, 1985)

El principio escritural de promoción declara que los hombres deben ser fieles en lo poco, antes de ser promovidos a lugares de mayor autoridad.[6] El principio básico es:

Promueva solo lo que está probado.

Mi pregunta es esta: si Dios requiere que los hombres sean fieles, entonces ¿qué acerca de Dios?

La fidelidad es una señal de madurez.

En un mundo lleno de errores, equivocaciones y transposiciones, donde a menudo los hombres fieles son ignorados y los hombres talentosos, aunque infieles, son elogiados y aplaudidos, tendemos a olvidar que hay un orden más elevado: la fidelidad más allá de nuestras experiencias humanas. Es simplemente: Dios es fiel.[7]

Todas las cualidades de fidelidad se encuentran en su ser. Dios no actúa o se siente fiel. Él es fiel.

Dios, en su carácter fiel, manifiesta, revela y demuestra su fidelidad en relación con los hombres.

Cuando un hombre es fiel, es responsable por cualquier cosa que se le confíe. Debido a que Dios es fiel, Él es digno de confianza para responder por aquellos de nosotros que somos sus hijos. Jesús dijo que Él no perdería a ninguno de aquellos que se le habían confiado.[8] Ese es su testimonio de fidelidad; que Él está dispuesto a responder por nosotros.

---

6. Vea Lucas 16:10
7. Vea 1 Corintios 10:13
8. Vea Juan 17:12

DIOS ES INMUTABLE Y DIGNO
DE CONFIANZA

Dios sostiene *"todas las cosas con la palabra de su poder"* y Jesús es esa palabra de su poder.[9] Así como Dios es fiel para sostener la ley de la gravedad, Dios es fiel para amarnos y cuidar de nosotros como Él prometió. Su fidelidad es el fundamento de nuestra confianza.

Dios es inmutable en su propia naturaleza.[10] A pesar de que el mundo cambia, Dios nunca cambia, flaquea o varía. Cuando estamos en tiempos de pruebas, cambiantes o difíciles que producen sufrimiento, adversidad, estrés y crisis, es natural pensar que todo a nuestro alrededor esté colapsando, y que pronto lo perderemos todo. El fracaso es un resultado común del esfuerzo.

Dios continúa sosteniéndolo a usted y al universo. Y Dios siempre lo hará. Él nunca varía.

> Dios es el mismo. Dios es fiel
> a Su Palabra y a usted.

Cualquiera que sea la causa de su crisis, por la pérdida del trabajo, las tensiones conyugales, la frustración de la mediana edad, la persecución religiosa o social, debe recordar que aunque las apariencias externas o las emociones internas cambian, no todo ha cambiado.

Dios es el mismo. Dios es fiel a Su Palabra y a usted.

---

9. Hebreos 1:3
10. Vea Hebreos 7:24.

Dios no tiene *"mudanza"* ni *"sombra de variación"*.[11] Él nunca está inactivo, no duerme, no olvida,[12] no se desvanece, no vacila, no tropieza, no reniega, ni se arrepiente.[13] *"No es hombre para que mienta."*[14]

Se puede confiar totalmente en Dios.

Todo en la vida varía. El clima, las configuraciones de la tierra, las entidades políticas, las ideologías y filosofías, la medicina y su práctica, la bolsa de valores y las personas, todos cambian. Se ha dicho: "Todos hablan del clima, pero nadie hace nada al respecto".[15]

Con la misma frecuencia que el clima cambia, así cambian nuestras emociones, circunstancias, experiencias y relaciones. Varían de momento a momento, pero Dios nunca varía.[16]

Dios nunca varía.

En tiempos de crisis cuando nos agobia la ansiedad, estamos deprimidos, cargados con preocupaciones, inmersos en estrés, nuestra esperanza más grande y nuestro consuelo es saber que Dios es fiel. Su Palabra es nuestra Roca,[17] nuestro fundamento para la fe.

Los cimientos de un rascacielos sostienen la superestructura en momentos de tormentas, terremotos, e incluso bombardeos. La superestructura no se sostiene por sí misma; descansa en los cimientos. Los cimientos le permiten al edificio permanecer firme.

---

11. Santiago 1:17
12. Vea Salmos 121:3, 4; vea también Isaías 49:15
13. Vea Números 23:19
14. Ibid.
15. Vea Sofonías 3:5.
16. Números 23:19
17. Charles Dudley Warner, "Editorial", *The Hartford Courant*, Agosto 24, 1897

Jesús es fundamental para la vida.

Él es la Roca, la Palabra, el Único fiel.

DIOS LO HARÁ

"Porque como desciende de los cielos la lluvia y la nieve, y no vuelve allá, sino que riega la tierra, y la hace germinar y producir, y da semilla al que siembra, y pan al que come, así será mi palabra que sale de mi boca; no volverá a mí vacía, sino que hará lo que yo quiero, y será prosperada en aquello para que la envié."[18]

Dios y su Palabra permanecen iguales sin importar qué o quiénes somos, o cómo reaccionamos ante la crisis. Cualquiera que sea nuestra condición o estado, circunstancia o medio ambiente, Dios y su Palabra siguen siendo los mismos. Dios es fiel a Él mismo y a su naturaleza justa.

Debido a que Dios es fiel a su Palabra, su Palabra producirá los resultados de sus promesas. Cuando aplicamos la Palabra a nuestras vidas, podemos esperar los resultados de sus promesas. Las promesas de Dios son dignas de confianza. Su Palabra es verdadera y fiel.

Confiar en lo que no es la verdad es confiar en una mentira. Podemos entregarnos totalmente a Jesús y depender de su Palabra porque Él es verdad. Jesús es la verdad total; por lo tanto, es totalmente digno de confianza.

En la agonía de la crisis es común que nuestros pensamientos giren solo alrededor de nuestro problema. Se consumen días y noches con nuestra situación. A veces pensamos que nos estamos preocupando por nosotros mismos, pero en realidad nos estamos preocupando por Dios.

---

18. Isaías 55:10, 11

Nuestras preocupaciones tienen muchas formas: "¿Saldrá Dios por mí en esta situación?"; "Me rindo, no puedo hacer nada más sino orar"; "He orado y no puedo ver ninguna diferencia". La preocupación se centra en nosotros. La fe se centra en Dios.

La preocupación se centra en nosotros. La fe se centra en Dios.

Con nuestra actitud de sumirnos en nosotros mismos no debemos pensar que Dios, después de sostener todo el universo con su Palabra, no nos sostendrá a nosotros.

Consumidos por la preocupación, miramos las cosas desde una perspectiva terrenal y natural. No nos damos cuenta de que, cuando dudamos del resultado después de haberlo puesto en las manos de Dios, estamos trayendo la sombra de la duda sobre su carácter. Estamos, en esencia, pensando que Dios no tiene suficiente carácter para mantener su Palabra y su vigilante cuidado.

Debemos darnos cuenta de que nuestra perspectiva no es la de Dios. La nuestra está basada en lo que vemos naturalmente. No entendemos como Dios entiende,[19] y esa es la razón por la cual debemos actuar por fe.

"Porque caminamos por fe, no por vista".[20]

Necesitamos tener la perspectiva de Dios. Cuando nos salimos de nuestros propios pensamientos, percepciones, imaginaciones y miedos para enfocarnos en la Palabra de Dios, comenzamos a

19. Vea Deuteronomio 32:4
20. 2 Corintios 5:7

ver desde su perspectiva celestial y no desde nuestra visión limitada y terrenal. Por eso es vital que leamos la Palabra de Dios.

Debemos leer y alimentarnos de su Palabra.

Hágalo en los tiempos de alegría y descanse para prepararse para los tiempos de adversidad.

Un versículo en Proverbios dice: *"Si fallas bajo presión, tu fuerza es escasa"*.[21]

La habilidad para resistir la adversidad proviene de la fe. La fe viene por medio de estudiar la Palabra de Dios y desarrollar un carácter semejante al de Cristo.

La habilidad para resistir la adversidad proviene de la fe.

Es esencial que, entre los tiempos de crisis y estando en ellos, nos entrenemos para hacer que la Palabra de Dios sea nuestra base, nuestro fundamento de fe.

Cuando una persona se arrepiente y recibe a Jesucristo como su Señor, el Espíritu trae la naturaleza de Dios a su vida mediante su poder morador.

La misma vida de Cristo comienza a habitar en la persona. En la medida que el nuevo creyente pasa tiempo en la Palabra de Dios, aprende lo que Él le ha revelado de sí mismo; interiorizar sus pensamientos es el resultado de una nueva vida, llena con el carácter mismo de Dios.

---

21. Proverbios 24:10 NTV

El Espíritu de santidad producirá solo lo que es santo. Según absorbemos el Espíritu de Dios, comenzamos a tomar decisiones no basadas en obligaciones a las leyes de Dios, sino las que emanan del fluir del Espíritu de Dios en las áreas más internas a las más externas de la vida.

Cuando el creyente encuentra adversidad, el Espíritu de Dios no lo abandona, sino continúa obrando fielmente desde adentro para el mayor bien de la persona. En todas las situaciones negativas, sin importar la naturaleza o la fuente, Dios en su fidelidad nunca deja de obrar para nuestro bien. Como el apóstol Pablo nos recuerda: *"Ahora bien, sabemos que Dios dispone todas las cosas para el bien de quienes lo aman, los que han sido llamados de acuerdo con su propósito".*[22]

Usted puede confiar en Dios.

Usted puede confiar en que Dios hace lo correcto.

Usted puede confiar en que Dios lo hará bien todo el tiempo.

Usted puede confiar en que Dios es fiel.

¡Usted no necesita preocuparse por Dios!

Usted puede confiar en que Dios es fiel.

DIOS NO LO REPUDIARÁ

"Palabra fiel es esta: Si somos muertos con él, también viviremos con él; Si sufrimos, también reinaremos con él; Si le negáremos, él también nos negará... Si fuéremos infieles, él permanece fiel; El no puede negarse a sí mismo".[23]

22. Romanos 8:28 NVI
23. 2 Timoteo 2: 11-13

Una paráfrasis del último versículo de este pasaje dice:

"Aún cuando estamos muy débiles y no nos queda nada de fe, él, se mantiene fiel a nosotros y nos ayudará, porque no nos rechazará a los que somos parte de él mismo, y el siempre cumplirá sus promesas para nosotros".

Y la Biblia Amplificada lo traduce así:

"*Si no tenemos fe (no creemos y somos infieles a Él), Él se mantiene en verdad (fiel a su Palabra y su carácter justo), porque no puede negarse a sí mismo*".[24]

Dios siempre obra para nuestro bien.

En medio de nuestra mayor crisis, su "gloria trascendente" toma lo que estaba dirigido para nuestro mal y lo cambia para que obre para nuestro bien. Tal vez no seamos capaces de ver ningún bien en lo que está sucediendo, pero Dios nunca deja de obrar para nuestro bien. Su Espíritu no se ha apartado de nosotros, Él no nos ha rechazado, y Él no ha apartado su rostro de nosotros.

Dios siempre obra para nuestro bien.

"*Él permanece fiel*" y "*no se puede negar a sí mismo*". Si el Espíritu de Dios está en nosotros por la gracia salvadora a través de Jesucristo; y su naturaleza y justicia han sido impartidas a nosotros por fe; y si estamos identificados con Él por su Palabra, sangre y Espíritu, entonces cuando atravesemos tiempos difíciles, Dios no nos negará porque hacerlo sería negarse a sí mismo.

Dios no nos negará porque hacerlo sería negarse a sí mismo.

---

24. 2 Timoteo 2:11-13 AMP

Dios es la fuente de salvación de la muerte hacia la vida eterna, y Él es la fuente de salvación de nuestros problemas hacia "la vida abundante" que Jesús nos prometió.

DIOS ES LA FUENTE DEL ÉXITO

La Biblia dice: *"La gente arruina su vida por su propia necedad, y después se enoja con el Señor"*.[25] Esto quiere decir que algunos hombres cometen errores, crean sus propias tragedias por su necedad, y luego culpan a Dios por los resultados de sus fracasos y pérdidas.

Dios no es un chivo expiatorio de nuestros fracasos.

Dios es la fuente de nuestros éxitos.

Hacer de Dios el chivo expiatorio de nuestros fracasos es eliminar su capacidad de ser la fuente de nuestras soluciones.

Dios nunca falla.

Acusar a Dios de nuestros fracasos es acusarlo de no ser Dios.

Acusar a Dios de nuestros fracasos
es acusarlo de no ser Dios.

En el Antiguo Testamento, el rey David experimentó la peor derrota de su vida cuando acampó en Siclag con su banda de hombres armados, antes de ocupar el trono de Israel. Mientras él y sus hombres estaban fuera del campamento, unos atacantes vinieron, saquearon todos sus bienes y tomaron cautivas a sus familias. Cuando los hombres regresaron, estaban molestos al

25. Proverbios 19:3 NTV

punto de la rebelión. Hablaron de apedrear a David. Veremos la respuesta de David en el capítulo 4, pero consideremos la respuesta de los hombres.

Ellos siguieron a David porque creyeron que estaba ungido por Dios para ser rey, y estaban seguros de servir en su reino cuando él subiera al trono. Ellos aspiraban a altas posiciones militares e incluso políticas. Sabían que la mano de Dios estaba sobre David, y al seguirlo, ellos estaban en un sentido siguiendo a Dios. Ese es el motivo por el que ellos fueron atraídos hacia David; él era el hombre de Dios. Sin embargo, en la crisis, hablaron de matarlo.

Ellos hablaron de matar a aquel que sabían que escuchaba de parte de Dios, aquel que estaba siendo guiado por Dios a pesar de sus errores. Al pensar de esta manera, estuvieron tentados a cortar su única esperanza de victoria. Solo las respuestas de Dios a las oraciones de David los guardaron de su error. Al seguir a David a través de sus crisis, recapturaron a sus familias, recuperaron sus pérdidas, y además ganaron el bono del botín de los enemigos que fueron destruidos.

Un momento de extrema tensión, lamentando su pérdida y su mala situación, inundados por las emociones experimentadas, escuchando las quejas de otros, y la creciente crítica contra el liderazgo de David, hizo que casi lo perdieran todo. En su deseo de confiar en David, para "seguir al líder", o como la tripulación de Pablo, "quedarse en el barco", no solo experimentaron el milagro de Dios y su prosperidad, sino que también cumplieron sus metas y lograron sus sueños.[26]

Satanás es un acusador,[27] engañador, tentador y mentiroso.

---

26. Vea 1 Samuel 30.
27. Vea Job 1:6 NTV.

Satanás acusa a Dios con los hombres, y a los hombres con Dios.

Con su naturaleza engañosa, él basa sus mentiras en medias verdades.

Eva fue seducida de esta manera en el Edén. Job sufrió el fraude de Satanás.

La voz de Satanás le dirá a usted que Dios es infiel, que Dios es la fuente de sus problemas. Usted puede ser tentado a enojarse con Dios, y a creer que Él es quien le ha traído la plaga y que ahora lo abandonará a su propio desastre. Satanás es un mentiroso y el padre de toda mentira.[28] La intención de Satanás es convencerle de que Dios no está obrando para su mayor bien, robarle su fe, romper su relación con Dios y destruir su vida.

Satanás intentará que usted culpe o maldiga a Dios, y así cortar su única fuente de escape, su avenida de la victoria y el camino al éxito. No sea engañado.

El fracaso puede ser la matriz del éxito.

El fracaso puede ser la matriz del éxito.

Es un total disparate acusar a Dios de ser la causa de sus heridas, males y fracaso. Dios es la fuente de su éxito; no de sus fracasos.

Dios es el génesis de cada cosa buena en su vida.

El patriarca José, mientras era un joven, tuvo un sueño que enfureció a sus hermanos de celos. Ellos lo vendieron "río abajo" como esclavo. Años después cuando experimentaron una gran hambruna, fueron a Egipto a buscar comida. Allí encontraron

---

28. Vea Juan 8: 44.

a José libre, a salvo y seguro, en una posición como segundo en mando del país. Asombrados y temerosos de él por sus fechorías pasadas, trataron de enmendar lo que hicieron. Para calmarlos, José expresó esta frase crucial: "*Vosotros pensasteis mal contra mí, mas Dios lo encaminó a bien*" (Génesis 50:20).[29]

Otros pueden querer hacerle daño, pero cuando usted lo entrega a Dios, su gloria trascendente lo hará cambiar para bien.

Antes de seguir, paremos aquí y consideremos nuestras propias vidas: su vida. ¿Está usted en una posición para que Dios le sea fiel a usted? ¿Es usted su hijo? ¿Ha estado vivo en su espíritu a través del poder de la resurrección de Jesucristo? ¿Está identificado con Él por su Palabra, su sangre, y la investidura de su Espíritu?

Si usted se da cuenta que esto es lo que necesita y todavía no lo conoce a Él, entonces ore y pídale a Él que lo perdone y lo ayude.

Al hacer a Jesús el Señor de su vida por fe, Dios usará sus recursos a su favor; su gloria trascendente tomará cosas dirigidas para mal y las hará obrar para bien.

RECUERDE

+ El carácter afianza el talento.

+ La fidelidad es señal de madurez.

+ Se promueve solo lo que está probado.

+ Usted puede confiar en Dios totalmente.

+ Dios nunca varía.

---

29. Génesis 50:20

✦ Dios es fiel aún cuando nosotros no somos fieles.

✦ La preocupación se centra en uno mismo. La fe se centra en Dios.

✦ Debemos leer y alimentarnos de la Palabra de Dios.

✦ El fracaso puede ser la matriz del éxito.

✦ La confianza se extiende hasta el límite de la verdad. Jesús es la verdad completa, por lo tanto se puede confiar en Él completamente.

✦ Necesitamos la perspectiva de Dios.

✦ La entrada de la Palabra de Dios es la salida hacia una vida cambiada.

✦ Dios siempre está obrando para nuestro mayor bien.

✦ Dios es la fuente de nuestro éxito, el génesis de toda cosa buena.

✦ Dios toma aquello que está destinado para el mal, y hace que obre para nuestro bien.

CAPÍTULO 3

DIOS HABLARÁ CON USTED

Elías era un hombre. Un hombre de verdad. Un hombre de Dios. Rudo, individualista, fornido, un líder y un solitario. El liderazgo puede ser una vida solitaria.

Él también era un profeta. Un hombre de convicción.

Juntamente con Moisés, él fue y es uno de los más grandes profetas, único en el reino de Dios. Su espíritu era ser el precursor de Cristo, y eso fue encontrado en el mensaje de Juan el Bautista.

Por momentos, sufrió persecución, traición y negación, pero nunca perdió su interés en el honor de Dios, y a pesar de la oposición del pueblo a su mensaje, mostró gran compasión por otros.

Habiendo sufrido persecución religiosa, rechazo personal y acusación injusta por la sequía y la hambruna, no estuvo ajeno a la adversidad y al estrés que eso trae. Pero Elías tenía una fuente de fortaleza que pocos conocían; él era un hombre que podía mover el brazo de Dios en oración.

Él oró para que no lloviera, y no llovió por tres años y medio; luego oró nuevamente y volvió a llover.[1] Movía el brazo de Dios

---

1. Vea Santiago 5: 17, 18.

a través de las oraciones que Dios mismo le daba. Dios mostró su gloria a través de la vida de Elías.

Elías no solo era un hombre de oración, sino que era la respuesta del hombre a la oración.

Elías glorificó a Dios por su obediencia, su dependencia de Dios, y su disposición a perder su vida por amor a Dios. En los momentos de prueba Elías mostró su carácter.

Él afrontó momentos de adversidad con dominio propio, pero en una ocasión experimentó una crisis que casi terminó con su vida.

Las cinco tentaciones tan comunes en las crisis son:

+ Depresión
+ Desesperación
+ Resignación
+ Fracaso
+ Inferioridad

La Biblia dice que Elías era un hombre sujeto a pasiones como nosotros. Él era tan humano como cualquiera de nosotros, afrontó tentaciones con los mismos conflictos que nosotros experimentamos y en la desesperación, fue llevado al borde del fracaso.

Cuando leemos el relato de sus pruebas, tentaciones y adversidades encontramos que su mayor crisis no vino de enemigos externos o de las formidables circunstancias que enfrentó, sino desde el interior de su propia alma en su tiempo de soledad.

Elías se enfrentó a su mayor batalla inmediatamente después de lograr su mayor victoria. El rey David se rindió a la tentación al día siguiente de una de sus victorias más grandes. El Señor

Jesucristo fue tentado por Satanás inmediatamente después de ser bautizado con el Espíritu Santo en el río Jordán.

Hay un patrón y un principio que siguen a las grandes victorias a través de las Escrituras y la historia, hasta la actualidad.

El día siguiente a la batalla es más importante que la víspera.

La noche anterior a la batalla está llena de actividad y preparación: planes para cotejar, personal para ensayar, reconsideraciones mentales, correcciones que deben hacerse, armas para revisarse y tenerlo todo preparado para proceder. Entonces la batalla se lleva a cabo, y después viene la decepción mental, emocional y física.

El día siguiente a la batalla es más importante que la víspera.

Es al día siguiente, cuando estamos cansados, desarmados y relajados, cuando nos volvemos más vulnerables. Nuestra alerta ha disminuido. No estamos en guardia como antes y podemos descuidarnos.

Noé experimentó esto después de trabajar por más de un siglo preparándose para el diluvio de la tierra, rescatando a su familia en el arca, y venciendo la incredulidad humana fuera del arca sobre la destrucción del diluvio. Noé confió en Dios, y fue salvo por la fe.

Sin embargo, después de llegar a la cima se relajó, plantó una viña y tomó del vino; se embriagó. En su indiscreción, uno de sus hijos con quien había trabajado duramente y por mucho tiempo para salvarse, trajo una maldición sobre sí mismo. En la secuela del mayor triunfo de Noé, experimentó su mayor derrota.[2]

ELÍAS CREE LAS MALAS NOTICIAS

El camino hacia la victoria de Elías y la crisis subsiguiente comenzó cuando Dios lo llevó a orar por una sequía en la tierra. Una sequía que produjo hambruna era la manera de Dios para obtener la atención de Israel. Las circunstancias son una de las maneras como Dios trata con su pueblo, y la escasez financiera es una circunstancia crucial en cualquier vida.

Acab, el rey que gobernaba Israel en ese tiempo, era malvado y se dejó inspirar por su malvada esposa Jezabel. Ella propugnó y divulgó la alabanza al falso dios Baal. Aunque Acab repudió a Dios, cuando vino la sequía, él sabía que solamente Elías tenía el conocimiento de Dios para acabar con esa plaga en la tierra.

Un grupo de soldados ubicó a Elías y acordó una confrontación entre el rey y el profeta. Acab arrogantemente exigió a Elías: "*¿Eres tú, perturbador de Israel?*".[3]

Y él respondió: "Yo no he perturbado a Israel, sino tú y la casa de tu padre, porque habéis abandonado los mandamientos del Señor y habéis seguido a los baales".[4]

La perspectiva de Acab era típicamente humana. Él solamente vio la sequía, las consecuencias de su pecado, y no la causa del problema: el pecado mismo.

---

2. Vea Génesis 9: 21-24.
3. 1 Reyes 18: 17 RVR 95
4. 1 Reyes 18: 18 RVR 95

Para Acab, Elías era el culpable porque él oró por la sequía. Al culpar al profeta de Dios, Acab en realidad estaba culpando a Dios por la plaga en la nación.

Este tipo de confrontación es similar a las continuas crisis en las naciones del mundo de hoy. Aquellos en nuestra sociedad que han forjado destrucción y caos con sus filosofías y acciones impías, acusan a los siervos de Dios por tratar de corregir lo equivocado. No es de sorprenderse que los justos sufran cuando los malvados gobiernan.[5]

La Palabra de Dios declara que Él odia a *"los que a lo malo dicen bueno y a lo bueno malo"*.[6]

La perversión en la sociedad es peor cuando aquellos que aman lo malo encuentran faltas en aquellos que aman lo bueno, y protegen a los que cometen el error, el pecado y la maldad al condenar a aquellos que luchan por la verdad, la justicia y los principios divinos.

Acab mantuvo su inocencia con respecto a la sequía, se negó a aceptar la verdad de las declaraciones de Elías, y cerró su mente a cualquier pensamiento de que podía haber alguna verdad en las palabras de Elías. El conflicto causó que Elías hiciera un desafío para determinar quién era el verdadero Dios: Baal el ídolo o Jehová, el Señor Dios.

Elías sabía que Jezabel y Acab sostenían a los 450 profetas de Baal en Israel, manteniéndolos en "las nóminas del estado" para proveer para la práctica de su religión falsa. Enfurecidos con Elías, y motivados por su orgullo y arrogancia, Jezabel y Acab asignaron a todo el grupo de falsos profetas para competir con Elías en el monte Carmelo. Sabiendo en su corazón acerca del

---

5. Vea Proverbios 29:2.
6. Isaías 5: 20 RVR 95

poder de Dios en la vida de Elías, Acab, sin reparo, envió a sus profetas al monte, esperando que ellos vencieran al profeta de Dios.

La nación de Israel esperaba el resultado porque el honor de Jehová Dios estaba en disputa.

Elías y los profetas de Baal prepararon altares, y acordaron orar. Cualquier dios que respondiera con fuego sería reconocido como el único Dios verdadero. Con su lógica demente, los profetas de Baal derribaron un árbol y usaron la mitad para hacer un ídolo y la otra para la leña, creando un dios de sus imaginaciones.[7] Ilusos y engañados no pudieron reconocer su estupidez, a pesar de que los profetas de Dios trataron de decirles cuán absurda era su alabanza.

Creando dioses de sus imaginaciones e iniciando igualmente ceremonias imaginativas y ritos "sagrados", los falsos profetas en realidad son adoradores de sí mismos. Siguen la misma perversión que causó la expulsión de Lucifer del cielo, a la larga conocido como Satanás: la adoración de sí mismo.

A pesar de todos los intentos para que se manifestara su dios Baal, nada sucedió. Elías empezó a ridiculizar los esfuerzos patéticos y vanos de los falsos profetas con todos sus cánticos y vociferaciones.

Cuando le tocó el turno a Elías para probar a su Dios, era la hora de orar de los israelitas, y la hora habitual de poder en su vida. Para demostrar su fe en Dios ante la gente y los profetas de Baal, él pidió que echaran agua al sacrificio hasta que la zanja que lo rodeaba estuviera llena. No había oportunidad de manipular los resultados.

---

7. Vea 1 Reyes 18: 20-40.

Cuando Elías oró, vino fuego del cielo con un calor y una luz tan intensos que consumió no solo el sacrificio, sino también el agua que lo rodeaba, las mismas piedras del altar, e incluso chamuscó la tierra donde había estado. Elías sabía por experiencia que *"nuestro Dios es fuego consumidor"*.[8]

Mientras caía el fuego, la gente levantaba gritos de alabanza en la presencia de Dios. Gritaron al unísono: *"¡El Señor es Dios!"*.[9] Elías aprovechó el momento y ordenó a la gente que estaba del lado de Dios que se liberara de los profetas de Baal, así que la gente destruyó los altares, los ídolos y los profetas. *Habría victoria en el valle porque había gloria en el monte.*

Elías advirtió a Acab que iba a orar por la lluvia, y que se fuera del monte Carmelo inmediatamente. Después de que Elías oró siete veces, una nube del tamaño de la mano de un hombre apareció en el mar, e inmediatamente vino una tormenta que trajo *"una gran lluvia"*.[10]

La maldad y la cobardía están relacionadas.

A su regreso al palacio, Acab relató cómo los profetas de Baal estaban todos muertos debido a Elías. Al contarlo, hizo que Elías fuera culpable a los ojos de Jezabel. La cobardía de Acab en presencia de su esposa era causada por la violencia viciosa de la naturaleza de ella. Él se acobardó al pensar que podría ser objeto de su ira, y conociendo el deseo infame de venganza de su esposa, pintó un cuadro que la enfureció y provocó que buscara a Elías para matarlo. Esto aseguraría lo que Acab quería, pero lo

8. Hebreos 12:29.
9. 1 Reyes 18: 38, 39 NTV
10. 1 Reyes 18: 45

libraría de las consecuencias de hacerlo él mismo. La maldad y la cobardía están relacionadas.

Jezabel amenazó con matar a Elías. Envió un mensajero para decirle a Elías que ella tendría su vida para el día siguiente a la misma hora.[11]

Su amenaza de matar a Elías llegó cuando él estaba exhausto en cuerpo y espíritu por sus intensos esfuerzos y luchas en la batalla en contra de sus enemigos y los del Señor. En su cansada y débil condición, el gran profeta, el hombre de Dios que acababa de librar una victoria poderosa frente a toda una nación, cayó presa de un repentino temor y una agobiante desesperación.

Él descubrió entonces la verdad de que si Satanás no puede ganar ventaja por la tentación, tratará de vencer por la acusación. Cuando Satanás no pudo vencer a Elías ni por la tentación, ni la acusación, trató la intimidación. Elías estaba sufriendo las tres, por el espíritu del anticristo en Jezabel: el "espíritu del saqueador". Este mismo espíritu estaba en la esposa de Potifar, cuando, tiempo atrás, intentó seducir y tentar a José. Para impedir que José se levantara hacia la grandeza que Dios tenía para él, el saqueador trató de arruinarlo. Falló.

El espíritu del anticristo es el espíritu de Satanás, el que se opone a Dios y a todo lo que es divino. Es un espíritu que intenta ensuciar a los que son puros, acobarda a los que muestran valor y derrumba a los que se ponen de pie por Dios.

Es un espíritu al que el Espíritu de Dios vence.

---

11. Vea 1 Reyes 19: 1, 2.

LAS CINCO TENTACIONES

De la victoriosa y poderosa contienda y conquista del monte Carmelo, Elías corrió para escapar de la amenaza de una sola mujer. Él corrió simbólicamente y literalmente.

Físicamente cansado de su carrera de sesenta millas desde el monte Carmelo, rendido en su espíritu por el conflicto con el mal en los profetas y la profetisa, se sentó a descansar debajo de un árbol de enebro. La gloria de la revelación del monte Carmelo había desaparecido. Estaban ausentes los gritos de entusiasmo de la muchedumbre que lo habían apoyado. Atrás quedaba el regocijo de haber ganado la batalla contra las fuerzas del mal en Israel. Agotado y cansado, colapsó en tentación.

"Basta ya, Señor quítame la vida, porque no soy yo mejor que mis padres",[12] exclamó a Dios.

En ese único clamor mostró que se estaba enfrentando a las cinco tentaciones: depresión, desesperación, resignación, fracaso e inferioridad.

Estaba agotado físicamente, drenado emocionalmente, deprimido mentalmente, desesperado espiritualmente. Su deseo de pelear había desaparecido; estaba listo para rendirse y ceder. Pero Dios era fiel.

Como mensajero de Dios y su agente moral en este mundo, a Elías se le había dado un don profético y poderoso, y sin importar sus apuros emocionales, Dios no iba a quitarle ese don. El mundo entero identificaba a Elías con Dios, como profeta que hacía proezas en su nombre. Para Dios, negar a Elías hubiera sido negarse a sí mismo.

---

12. 1 Reyes 19:3.

De acuerdo con la Biblia, los dones dados por Dios *"son irrevocables"*.[13] La Biblia Viviente lo dice así: *"porque los dones y el llamado de Dios no pueden ser quitados; Él nunca retrocede en sus promesas"*.[14]

Dios no se rindió con Elías, aún cuando Elías quería rendirse consigo mismo.

Dios no dejó solo a Elías.

A pesar de la condición depresiva de Elías, de su vacilante determinación y su moral destrozada, Dios no iba a desamparar a Elías. De igual modo, Dios no nos va a negar ni nos va a desamparar en nuestras debilidades. Dios no nos va a negar porque Él no se va a negar a sí mismo.

Dios no nos va a negar porque Él no se va a negar a sí mismo.

¡Piense en eso!

Dios es fiel.

A su Palabra, a su carácter, a nosotros.

Dios hizo tres cosas por Elías:

Dios le dio descanso.

Dios lo alimentó.

Dios le dio tranquilidad.

---

13. Romanos 11:29
14. Romanos 11:29 TLB

Para recuperarse, Elías necesitaba tres cosas: descanso, alimento y quietud.

En días de intensidad y crisis cuando la vida se vuelve demasiado subjetiva, la perspectiva demasiado confusa, el pensamiento demasiado incoherente, y la necesidad de saber y entender demasiado difícil, Dios va a "proveer una salida". Es una salida de nosotros hacia Dios.

Dios va a "proveer una salida".

Una atmósfera de paz crea un espíritu de meditación.

Incluso Jesús *"se apartó"* por un tiempo.[15] Cuando usted piensa en el ministerio que tuvo Jesús, la unción que cargó, las demandas que las personas pusieron sobre Él, la persecución en contra de Él, el desafío a su carácter, comienza a darse cuenta de la enorme presión bajo la que estaba.

Él se tomó tiempo para estar a solas con el Padre.

Si Jesús y Elías lo necesitaron, piense cuánto más nosotros.

Elías necesitaba oír de Dios. Para lograrlo necesitaba estar en una condición espiritual adecuada, para escuchar ese *"silbo apacible y delicado"*.[16]

Dios esperó para hablar hasta que Elías estuviera preparado para oír.

---

15. Mateo 14:13
16. 1 Reyes 19:12

PREPÁRESE PARA OÍR DE DIOS

Abrumado con su propia tristeza, consumido con su situación, sus pensamientos se interiorizaron, las percepciones de Elías dejaron de ser claras. Su percepción estaba basada en el engaño. Viendo solo sus circunstancias, estaba naufragando en un mar de autocompasión, como Pedro, quien comenzó a hundirse en un mar de agua cuando quitó sus ojos de Jesús.

Dios sabía que siete mil no habían doblado sus rodillas en adoración a Baal, aunque Elías se sentía solo y aislado. Sin embargo, una vez descansado y fresco, Elías comenzó el rumbo a otro monte, donde escuchó la voz de Dios.

Dios habló a Elías con un *"silbo apacible"*.[17] En la quietud, otra vez recobró su alma, escuchó a Dios y se preparó para recibir la nueva revelación que cambiaría y multiplicaría su ministerio.

Dios hará lo mismo por nosotros hoy.

El arte básico de la comunicación es la capacidad de escuchar.

El arte básico de la comunicación
es la capacidad de escuchar.

No fue hasta que Elías dejó de sentir pena por sí mismo y descansó su mente y espíritu, que Dios le habló. No hubiera ayudado en nada que Dios le tratara de hablar a Elías mientras él todavía estaba hablando, porque Elías no hubiera podido escuchar lo que le decía. Cuando Elías estuvo preparado para escuchar, Dios habló. La Palabra de Dios trajo vida y salud, capacitando a Elías para levantarse y continuar en el ministerio.

17. 1 Reyes 19:12

Lo bello de la relación entre Dios y Elías no estaba solo en la disposición de Elías de ser identificado con Dios, sino en la disposición de Dios de ser identificado con Elías, tanto en el monte como debajo del árbol de enebro. Dios, simplemente, no hubiera dejado ir a su profeta.

Bajo la dirección de Dios, Elías dejó el monte y encontró a Eliseo, le enseñó, lo discipuló en los caminos de la fe, y finalmente le dejó el manto del ministerio. Las corrientes espirituales en Israel cambiaron, y Acab y Jezabel murieron con deshonra. Elías, un hombre que una vez deseó morir debajo de un árbol de enebro, terminó su vida sin probar la muerte en esta tierra.

En vez de eso, cuando los propósitos de Dios para Elías se cumplieron, Elías cambió el árbol de enebro por un carro de fuego y un torbellino que lo escoltó al cielo.[18]

El punto decisivo para Elías fue que, en medio de su soledad, afrontando sus más grandes tentaciones, era capaz de oír la voz de Dios. Una vez que escuchó, obedeció. Experimentemos o no un momento decisivo en nuestra vida, cuándo Dios nos tiende la mano depende de nuestra obediencia a su Palabra.

> La obediencia no está basada en la emoción, sino en la fe. La fe siempre es el elemento clave en la obediencia.

El poder de Dios se libera en nuestras vidas en la medida de nuestra obediencia, y no más allá.

La obediencia no está basada en la emoción, sino en la fe. La fe siempre es el elemento clave en la obediencia.

18. Vea 1 Reyes 2: 11.

Cuando Elías obedeció la Palabra de Dios, sus emociones cambiaron.

El principio es: las emociones siguen a las acciones.

Justicia significa "permanecer recto" delante de Dios. No hay ninguna cualidad emocional para la justicia. Es un estado de ser. Sin embargo, cuando la justicia de Cristo es impartida, el resultado es paz y gozo, los cuales tienen cualidades poderosas.

La justicia, la obediencia y la fe no tienen cualidades emocionales, pero tienen la capacidad de cambiar las emociones de las personas.

En otras palabras, para cambiar sus emociones, cambie sus acciones.

La obediencia es un acto de fe. Fe es creer en la acción. Creer no es fe hasta que se actúa sobre ella.

> La obediencia es un acto de fe. Fe es creer en la acción. Creer no es fe hasta que se actúa sobre ella.

La fe es como el viento, no puede ser vista; solamente vemos sus resultados.

La obediencia es el método de Dios para la protección de nuestras vidas.

Vivir en su voluntad, su Palabra y su camino es una vida de fe obediente.

Cuando Elías actuó en obediencia a lo que Dios decía, su futuro se volvió seguro.

La "gloria trascendente" de Dios tomará aquello que está destinado para mal, y lo hará obrar para nuestro bien supremo. Dios tomará nuestros momentos más difíciles, y hará que obren para nuestro bien supremo cuando son entregados y sometidos a Él.

El "bien supremo" de Dios para nuestras vidas es la "semejanza a Cristo".

VIVIÉNDOLO

En el artículo de una revista, una vez escribí sobre Elías y su árbol de enebro. Un hombre que lo leyó me escribió para decirme que de repente se dio cuenta de que había estado sentado debajo de su propio árbol de enebro por ocho meses, desde que su esposa murió. Otro escribió, y dijo que había estado peleando con sus cinco tentaciones por tres meses desde que había sido despedido de su trabajo.

El rechazo es la cosa más difícil de aceptar para un hombre.

No era solamente la amenaza del daño físico de Jezabel lo que hizo que Elías huyera, sino también el rechazo que sintió. El rechazo causa desánimo.

El rechazo es la cosa más difícil
de aceptar para un hombre.

Debajo de su árbol de enebro, enfrentándose a sus cinco tentaciones, Elías finalmente se dio cuenta de que Dios no lo había rechazado a él, sino a los enemigos de Dios. Dios nunca cesó de obrar por el bien de Elías.

¡Dios nunca cesa de obrar por su bien!

Dios sacó a Israel de Egipto para introducirlo en Canaán. A usted, Dios lo saca de algo para introducirlo en algo. Dios lo lleva de lo menor a lo mayor. La crisis es solamente el medio del cambio.

En la ciudad de Oklahoma conocí a un hombre que me contó su experiencia personal.

Jerry era un misionero casado, con dos hijos, y en medio de una gran crisis en su vida. Su esposa le dijo que su amor por él había desaparecido. No podían comunicarse apropiadamente ni civilizadamente. Él reconoció que estaban juntos solamente por el bien de sus hijos y del ministerio, pero que su matrimonio estaba básicamente muerto.

Después de lo que ella le dijo, él estaba sumido en sus cinco tentaciones.

La opción que tenía delante de él era vivir la mentira de un matrimonio sin amor, o perder ambos, la familia y el ministerio. Conociendo los cambios traumáticos y dramáticos que le traería cualquiera de las dos decisiones, buscó seriamente a Dios.

Una noche mientras leía la Biblia, Jerry sintió la voz apacible del Señor en el mandato de la Escritura que le decía "ama a tu esposa".[19] Jerry argumentó con la voz declarando que él había tratado de ser un amante esposo. Pero recibió una segunda impresión de esa voz apacible diciéndole: "Tú no la has amado como yo te dije que la amaras".

---

19. Vea Efesios 5:25.

Días después de eso, Jerry reflexionó sobre las palabras. Dándose cuenta de que era el Espíritu de Dios el que le hablaba, empezó a meditar en lo que significaba. Amarla *"como Cristo ama a la iglesia"* saltó de la Biblia y se hizo vivo en su espíritu.[20] Jerry decidió que lo que fuera que Dios quería decir, él se esforzaría por hacerlo.

Su primera oportunidad se presentó dos semanas después.

Cada noche, a media noche, su bebé recién nacido lloraba para que lo alimentaran. Usualmente, Jerry fingía estar dormido mientras su esposa se levantaba para satisfacer las necesidades del bebé. Sin embargo, esa noche Jerry tuvo un pensamiento repentino que vino a su mente mientras se volteaba para tratar de dormir. Actuó rápidamente, se levantó, y le dijo a su esposa que se fuera a dormir, que él iba a cuidar del bebé.

Mientras alimentaba al bebé, una nueva emoción se apoderó de Jerry, y un nuevo aprecio por la madre y el niño nació en él.

El amor es el deseo de beneficiar a otros
aun a expensas de sí mismo, porque el
amor desea dar. El amor se centra en
la voluntad, no en las emociones.

Comenzó a aprender que el amor es el deseo de beneficiar a otros aun a expensas de sí mismo, porque el amor desea dar. El amor se centra en la voluntad, no en las emociones.

---

20. Efesios 5:25

Jerry buscó otras formas de ayudar a su esposa, haciendo lo que él consideraba "actos de amor", y comenzó a descubrir que se estaba enamorando nuevamente.

La esposa de Jerry notó el cambio de su conducta inmediatamente, y se lo preguntaba a sí misma. En la medida en que continuaba y aumentaba, se admiraba, y ella empezó a responder con actos de amor. Después de un periodo de meses, Jerry y su esposa experimentaron una transformación maravillosa en su relación.

Jerry obedeció cuando Dios habló.

Dios nunca detuvo su obra en favor de Jerry.

La familia de Jerry recibió el beneficio; Jerry obtuvo la bendición.

Jerry o Elías; el principio es el mismo.

RECUERDE

+ El día siguiente a la batalla es más importante que la víspera.

+ Si Satanás no puede derrotar a una persona por medio de la tentación, tratará de hacerlo por acusación o intimidación.

+ Las cinco tentaciones durante la crisis son: depresión, desesperación, resignación, fracaso e inferioridad.

+ El arte básico de la comunicación es la capacidad de escuchar.

+ Dios nos lleva a un lugar de obediencia antes de que Él nos hable.

- El poder de Dios se libera en la vida, en la medida de la obediencia.

- Las emociones siguen a las acciones.

- Para cambiar sus emociones, cambie sus acciones.

- La crisis solo es un medio de cambio.

- El amor es el deseo de beneficiar a otros, aun a expensas de sí mismo, porque el amor desea dar.

- Dios nunca cesa de obrar por nuestro bien.

CAPÍTULO 4

DIOS LO RESTAURARÁ TODO

El rey David aprendió por experiencia "las cinco tentaciones" que los hombres afrontan en la crisis. El profeta Samuel ungió a David para ser rey después de que Saúl desobedeció a Dios y se descalificó para el puesto. Pero Saúl todavía estaba en el trono, y David no estaba siquiera en línea para promoción.

El período posterior a su unción y antes de llegar al trono, fue un tiempo de aprendizaje y pruebas para David. Fue el tiempo de Dios para probar, y preparar a David para un reinado largo y próspero. Saúl descubrió la elección de Dios a favor de David para ser su sucesor, y con celos paranoicos le acechaba para matarlo. Evadiendo a Saúl y sus airados intentos de asesinarlo, David y sus cuatrocientos hombres tomaron el curso que pudieron para sobrevivir.

Mientras evitaba a Saúl, David se cansó. En un momento débil, su fe en Dios dio lugar al temor hacia Saúl. David pensó que escaparía de los asesinos de Saúl mudándose a la tierra de los filisteos. Mala idea. En un momento de debilidad, David tomó la decisión de buscar territorio neutral. Él descubriría que, en esta vida, no hay territorio neutral. Se había mudado al territorio del enemigo. Tomó su decisión durante un tiempo de gran estrés, ansiedad por su familia y sus seguidores, cansado de estar de un lado a otro, y esto probó ser una "decisión degenerativa".

Las decisiones determinan el destino.

David pronto descendería al punto más bajo de su vida.

Las decisiones determinan el destino.

La decisión de David estuvo basada en sabiduría humana, no en la promesa de Dios, revelación ni fe. Fue una decisión tomada mientras sufría la frustración. Unos pocos siglos después otro profeta escribiría. *"No te canses de hacer el bien"*.[1]

David comprometió su posición, y al hacerlo, también comprometió a las personas que dependían de él.

Una vez que David comprometió un área de su vida, este líder justo y santo empezó a comprometer otras áreas. David pronto mintió, cometió fraude y engañó a los filisteos que confiaban en él.

Aquis era un filisteo que vivía en Gat. David convenció a Aquis de que estaba de su lado y que le serviría. Aquis les dio a David y a sus hombres el beneficio de su protección y amistad. Pero David ejecutaba implacables ataques contra otras ciudades filisteas, matando, saqueando, y reportándole luego a Aquis que los ataques eran contra los enemigos de Gat.[2]

---

1. 2 Tesalonicenses 3:13
2. Vea 1 Samuel 27:1-12

La decisión de David lo llevó lejos de la voluntad de Dios, pero no fuera de su alcance.

Dios es un Dios misericordioso.

Cuando David y sus hombres dejaron sus hogares en Siclag para atacar otra vez, sus enemigos atacaron el campamento de David. Ellos tomaron las mejores posesiones de David y sus hombres, secuestraron a sus familias y destruyeron la ciudad. Cuando David y sus hombres regresaron a casa encontraron solamente cenizas y escombros.

En su dolor y rabia, los hombres de David se levantaron contra él pensando asesinarlo. Habían esperado ganar todo por seguirlo, pero en vez de eso lo habían perdido todo.

En ese momento. David se enfrentó a la realidad de su decisión equivocada y sus consecuencias. La opción que escogió le había traído devastación y desolación, como hacen todas las decisiones degenerativas. David se dio cuenta de que su única esperanza, su única salvación, era volverse a Dios en total dependencia de su gracia, misericordia y favor.

La respuesta de David al desastre fue arrepentirse. Luego él *"se fortaleció y se alentó en el Señor su Dios"*.[3]

Por eso era un hombre según el corazón de Dios. Cometió errores, y grandes, pero no buscó formas de evadir la realidad. Confrontó sus errores con la verdad.

Él se animó haciendo un recuento de lo que Dios había hecho en su vida en otros tiempos de crisis cuando clamó a Dios. Recordó cuando Goliat cayó ante sus piedras de fe. Él recordó las

---

3. 1 Samuel 30:6 AMP

promesas, escrituras y revelaciones que Dios le había dado y en ellas encontró fortaleza.

Entonces oró.

Orar era lo que él no había hecho cuando decidió buscar territorio neutral para escapar de Saúl.

La falta de oración es a menudo una forma de esconderse.

David buscó el consejo y la guía de Dios. Preguntándole a Dios si debía perseguir a la tropa que había desolado su ciudad, también le preguntó si debía "*sorprenderlos*".[4]

> # La falta de oración es a menudo una forma de esconderse.

Cuando David estuvo listo para escuchar, Dios habló.

Siendo instruido por el Señor para perseguir y seguro de que sorprendería a la tropa y recobraría todo, David guió a sus hombres para perseguir a los atacantes. Como resultado leemos que "*David recuperó todo lo que los Amalecitas habían tomado...*"[5]

Cuando David se recuperó espiritualmente, fue capaz de recuperar todo materialmente.

Dios fue fiel.

Dios nunca dejó a David.

---

4. 1 Samuel 30:8 AMP
5. 1 Samuel 30:18 NTV

Aún cuando David estaba sufriendo las consecuencias de su compromiso, Dios estaba acomodando todos los elementos necesarios que aclararían el camino al trono para David. Mientras David estaba ocupado recuperando su equilibrio espiritual en la batalla de su vida, el rey Saúl fue muerto en una de sus propias batallas. Irónicamente, al mismo tiempo que Saúl fue muerto a través de un arreglo en batalla para evitar ser dañado, David se recuperaba de su compromiso para evitar que Saúl le hiciera daño.

Dios fue fiel al llevar a David a través de las cinco tentaciones, perdonarlo, proveerle una salida, y aún llevarlo al lugar que Dios quería que él ocupara.

ESPERE; DIOS ESTÁ OBRANDO

El rey David casi pierde la promesa de Dios, el trono de Israel y su lugar en el linaje de Cristo por su impaciencia. Por su decisión a comprometerse y transar por "lo bueno", casi perdió lo mejor de Dios.

> La impaciencia es una faceta
> de la incredulidad.

La impaciencia es un vicio costoso.

La impaciencia es una faceta de la incredulidad.

La incredulidad es la base del pecado.

El "hijo pródigo" en la parábola de Jesús fue impaciente para ganar su herencia, y puesto que no fue suficientemente maduro ni responsable para cuidarla, la malgastó.[6]

Los hombres pagan el precio más alto por la vida más baja.

Los hombres pierden las respuestas de Dios a sus oraciones, al cumplimiento de sus sueños y a la realización de sus esperanzas, más por la impaciencia que por cualquier otra cosa.

Los hombres pagan el precio más alto por la vida más baja.

No hay impaciencia en Dios.

Algunas personas no oran lo suficiente, no creen lo suficiente, no confían lo suficiente, no se aferran lo suficiente, no esperan lo suficiente, y pierden en vez de ganar.

No puedo contar las veces que he recibido la carta de un hombre desesperado pidiendo oración por alguna crisis, solo para recibir una carta jubilosa unos pocos meses después del mismo hombre diciendo: "¡No creerá lo que me sucedió!".

¡Sí! ¡Yo lo creo!

"*En los íntegros es hermosa la alabanza*",[7] es lo que dicen las Escrituras.

Los creyentes tienen derecho a alabar a Dios en medio de una crisis y tentación porque en ese momento, por fe, ellos saben que Dios está obrando para su bien.

6. Vea Lucas 15:11-13
7. Salmos 33:1

Tome por ejemplo el naufragio del apóstol Pablo. Cuando parecía que la tripulación entera a bordo del barco, junto con Pablo, estaba perdida en medio de la tormenta; cuando todo parecía sin rumbo, Pablo dijo a la tripulación que estuviera de *"buen ánimo"*, que ninguno se perdería.[8]

Cuando el barco encalló y bajaron a tierra, Pablo y sus hombres fueron hospedados por un grupo de gente. De la fogata que prendieron en la playa salió una culebra venenosa que mordió a Pablo.[9] Él simplemente la sacudió a un lado. Sorprendidos, los isleños observaban para ver si Pablo se hinchaba y moría. Su naturaleza supersticiosa les hizo pensar que era seguramente un hombre malo, y que por eso una culebra mortal le había mordido. Cuando nada pasó, ellos decidieron que debía de ser un dios.[10]

Pablo no era Dios. Pablo confiaba en Dios.

Pablo entendía los propósitos de Dios, tenía la mente de Cristo, y en medio de sus mayores luchas y tentaciones pudo calmar a una tripulación en pánico, y echar una culebra al fuego. Pablo no temía mal alguno porque Dios estaba con él.

Los propósitos de Dios se cumplirán. Él mismo los hará cumplir.

Nosotros no somos iniciadores de nuestra salvación, los originadores de la gracia, ni completamos nuestras vidas; nosotros somos su *"hechura suya"*.[11] Estamos identificados con Él por la sangre de Cristo, nacidos de su Espíritu y de su Palabra incorruptible.

Es la voluntad de Dios que los hombres sean salvos. No es su voluntad que alguno se pierda.[12] Él envió a su Hijo al mundo

---

8. Hechos 27:22
9. Vea Hechos 8:23
10. Hechos 28:4-6
11. Efesios 2:10
12. Vea 2 Pedro 3:9

para redimir al mundo, para que los hombres no perezcan, sino que tengan vida eterna.[13] Dios no envió a su Hijo al mundo para condenar al mundo, sino para que el mundo pueda ser salvo a través de Él.[14]

Si Dios hizo tanto por liberarnos del pecado, seguramente Él hará mucho más para liberarnos de todas nuestras pruebas.

Aún en este momento, mientras usted lee esto, no marca ninguna diferencia lo que usted esté pasando, cuáles sean sus circunstancias, cómo está siendo tentado. La verdad es que Dios no lo va a negar. Usted ha recibido su naturaleza mediante el nuevo nacimiento. Negarlo a usted sería negarse a sí mismo. Él no hará eso.

Dios obra para su bien. Solo porque usted siente que no le queda fe, no significa que Dios está muerto.

> Dios obra para su bien. Solo porque usted siente que no le queda fe, no significa que Dios está muerto.

Usted puede estar frío o caliente, sentirse arriba o abajo, optimista o pesimista, pero Dios nunca está así.

Dios será Dios, no importa lo que usted haga.

Usted puede confiar en Él. Usted puede alabarlo.

---

13. Vea Juan 3:16
14. Vea Juan 3:17

Su confianza durante la crisis, sea lucha o tentación, no está en sus habilidades, talentos, emociones, circunstancias, ni en usted mismo. Su confianza está en el Dios viviente.

En su momento de necesidad, su confianza debe estar centrada solamente en Dios.

Dios fue fiel con Elías y David.

Dios nunca los dejó ni los desamparó. Dios no los negó en sus debilidades.

Dios tuvo cuidado de ellos de manera sobrenatural. Dios les habló.

Dios los renovó. Dios los guardó.

Elías cambió un árbol de enebro por un carro de fuego. David cambió Siclag por un trono.

Dios tomó sus debilidades y les dio su fortaleza.

Dios hará por usted lo que hizo por ellos.

Dios no lo dejará ni lo desamparará.

Dios no lo negará en su prueba o tentación. Dios es fiel.

ORACIÓN

Padre, en el nombre de Jesús, vengo a ti ahora en medio de mi crisis. En medio de mi necesidad, quiero ser honesto contigo. No siento nada. No puedo generar nada. Pero quiero que sepas, Señor, que creo que tú eres mi Dios. Creo que tu Palabra es verdad. Y creo que ahora estás obrando para mi bien. Gracias por ello.

Gracias porque no me negarás porque tú no te puedes negar a ti mismo. Gracias por quién eres, y por quién soy en Cristo. Confío en ti total y completamente, que me sacarás de esta situación a una nueva revelación, un ministerio mayor, y una bendición más grande que la que nunca haya visto en mi vida.

Pongo mi confianza en ti, Señor. Amén.

RECUERDE

✦ Las decisiones determinan el destino.

✦ No orar es una forma de esconderse.

✦ Más personas dejan pasar la intervención de Dios por impaciencia que por cualquier otra cosa.

✦ Dios hará por usted lo que Él ha hecho por otros; tomará las debilidades suyas, y las cambiará por las fortalezas de Él.

PARTE II

LA CRISIS DEL CAMBIO

CAPÍTULO 5

EL PATRÓN DE DIOS PARA EL CAMBIO

Todo lo que Dios hace, lo hace de acuerdo a un patrón y basado en un principio. Cuando aprendemos sus patrones y basamos nuestra fe en sus principios, nuestras vidas llegan a ser productivas, maximizadas y exitosas. Pero si vivimos por personalidad, teoría y circunstancia, nuestras vidas no tendrán rumbo, serán confusas, y llevadas por todo viento de cambio. Una de las metas más importantes de todo cristiano verdadero es descubrir los patrones y principios de Dios a través de un diligente estudio y aplicación de su Palabra.

La Palabra de Dios contiene los principios sobre los que podemos basar decisiones y acciones para cada situación y aspecto de la vida. La Biblia es nuestra regla absoluta de conducta. Si solo queremos aprender cómo responder a determinadas circunstancias, nunca aprenderemos lo suficiente para cubrir cada situación que se levante. Pero si nos proponemos aprender los patrones y principios de Dios para la vida, nos equiparemos para manejar cada aspecto, sea grande o pequeño.

Ya hemos establecido que el cambio es normal en la vida.

Uno de los patrones de Dios para el cambio es el proceso de entrar y salir. En ese sentido, solo hay dos cosas que usted y yo siempre haremos en la vida: entrar y salir.

> Solo hay dos cosas que usted y yo siempre haremos en la vida: entrar y salir.

Entramos a la vida a través del nacimiento, y salimos a través de la muerte. Salimos del vientre y entramos a la infancia; salimos de la infancia y entramos a la niñez; salimos de la niñez y entramos a la adolescencia, y así vamos a través de la vida. En el transcurso de un día podemos salir de la casa y entrar al auto, salir del auto y entrar al restaurante, salir del restaurante y entrar al auto nuevamente, y así sucesivamente.

En la medida que progresamos a través de las etapas de la vida, salimos del hogar, entramos a la escuela, salimos de la escuela, entramos al campo laboral, salimos de la soltería, entramos al matrimonio, salimos de la tierra y entramos al cielo o al infierno. Podemos dejar una ciudad por otra, un trabajo por otro, una iglesia por otra y, desafortunadamente, un matrimonio por otro.

Cada cambio viene por medio de la crisis, grande o pequeña. Cuanto mayor sea el grado de cambio, mayor es la crisis.

El cambio acompaña a la crisis. El proceso de entrar y salir cambia nuestras vidas, afecta a nuestras rutinas, y crea nuevas percepciones que pueden causar estrés.

El principio correspondiente para el patrón de entrar y salir puede ser establecido así: "Cómo salgas determina cómo entres".

Cómo salimos de una situación en la vida determinará cómo entraremos a la siguiente.

"Cómo salgas determina cómo entres."

Traemos al nuevo lugar, ciudad, relación, trabajo, ministerio o escuela, solamente lo que trajimos del antiguo. Lo que queda en nuestra mente y espíritu de lo viejo determina cómo entramos en lo nuevo. Si salimos con un espíritu herido, a menos que sea sanado entraremos con el mismo espíritu. Si salimos con amargura, rencor, hostilidad, falta de perdón, derrota o fatalismo, llevaremos esas semillas a donde quiera que entremos. Eventualmente, germinarán y producirán las mismas cosas que pensábamos que estábamos dejando atrás.

Tomándolo positivamente, las semillas que llevamos para bien producirán lo bueno donde quiera que vayamos.

Mis amigos Roger y Marti son fieles en su devoción a Dios. Con su equipo de benevolencia de la iglesia comenzaron a ir a un barrio dos veces al mes a repartir comida, y predicar el evangelio. Este vecindario estaba en la lista de "las 10" áreas residenciales más problemáticas de los Estados Unidos. Sus primeros años allí fueron tiempos difíciles para sembrar buena semilla mientras arriesgaban sus vidas en medio de la violencia, guerras de pandillas, vendedores de drogas y pobreza.

Año tras año, continuaban dos veces al mes llevando comida y predicando el evangelio. Finalmente, ya suficientes personas habían escuchado la Palabra de Dios, y creyeron que querían forman una iglesia allí, en su lenguaje local. La iglesia de Roger y Marti proveyó un pastor, y la pequeña hermandad comenzó.

Roger y Marti continuaron llevando alimento y predicación del evangelio para ayudar a sobrevivir a la pequeña iglesia.

Al darse cuenta lentamente de que alguien se preocupaba por ellos, la gente del vecindario comenzó a cuidarse por sí misma. Pidieron y recibieron fondos del gobierno para rehabilitar algunos de sus edificios. Los ciudadanos empezaron a tener orgullo de sus casas, negocios y apariencia personal. La pequeña iglesia creció. Roger y Marti perseveraron; nunca dejaron de ir al barrio un domingo.

Ya han pasado siete años desde que Roger y Marti fueron llamados para ministrar en esa área. Cuando comenzaron, se maravillaban cuando uno, seis o diez personas respondían al llamado del evangelio. Hoy es común que cincuenta, ochenta o cien personas sean salvas en un solo servicio. El área ya no está más clasificada como suburbana por los estándares del gobierno. Y el departamento local de la policía ha desactivado su unidad de bandas por la falta de actividad delictiva en el área.

Las semillas de rectitud producen los mismos efectos, sin importar dónde se siembren.

Este es el motivo por el que Dios trata con principios y las causas desde la raíz. Las raíces producirán el mismo fruto o resultado una y otra vez. Las circunstancias y el medio ambiente no son las raíces. Lo son las personas con las semillas de sus experiencias y creencias en sus espíritus.

Cómo salimos de la niñez determina cómo entramos al matrimonio.

Cómo salimos de la escuela determina cómo entramos a la fuerza laboral.

Cómo salimos de una relación rota determina cómo entramos a la próxima relación.

Cómo dejamos nuestro lugar de devoción determina cómo entramos a nuestro lugar de ministerio.

SALIMOS PARA ENTRAR

El apóstol Pablo enseñó que las tentaciones y pruebas son "comunes en el hombre", pero que cuando estas vienen, Dios *"él les dará también una salida"*.[1]

El patrón de salida de Dios nunca está basado en una *salida de*, sino en una *salida hacia*.

El patrón de salida de Dios nunca está basado en una *salida de*, sino en una *salida hacia*.

Abram fue sacado de Ur de los caldeos por el Señor.[2] El propósito de Dios al sacarlo de Ur fue capacitarlo para entrar a la tierra prometida. Abram dejó un país con el propósito de entrar a otro mejor. Después su nombre fue cambiado de Abram a Abraham, a causa del cambio en su relación con Dios. Él dejó una relación con Dios para entrar a una mejor, una nueva, basada en un pacto eterno. Dios lo sacó *de* para llevarlo *hacia*.

Dios liberó a su pueblo, la nación de Israel, de Egipto y de la esclavitud. Su liberación no estaba basada íntegramente sobre de dónde lo sacó, sino hacia dónde los quería llevar. La Biblia

---

1. 1 Corintios 10:13 NVI
2. Vea Génesis 11:31; 12:8.

registra: "*y nos sacó de allá, para traernos y darnos la tierra que juró a nuestros padres*".[3]

Frecuentemente, en tiempos de crisis pensamos en escapar de algo, algún lugar o condición indeseable. Pensamos en términos de evitar crisis, problemas, dificultades, castigo, corrección y todo lo duro de la vida, puesto que somos básicamente negativos por naturaleza. El punto de vista de Dios es totalmente diferente. Puesto que Él es positivo, Dios siempre piensa llevarnos *hacia* algo mejor, sea lugar o condición.

En ese sentido, la crisis no es tan negativa como el mundo o nuestras percepciones nos hacen creer. La transición es necesaria para que Dios nos saque de donde hemos estado para llevarnos hacia un mejor lugar.

> La transición es necesaria para que Dios nos saque de donde hemos estado para llevarnos hacia un mejor lugar.

Dios ilustró esto gráficamente cuando llevó a la nación de Israel a la libertad de Canaán. Para llevarlos hacia la "tierra prometida", primero tuvo que guiarlos fuera de la esclavitud de Egipto. Para llevarlos *hacia*, tuvo que sacarlos *de*.

Aquellos que dejaron Egipto fallaron en darse cuenta de lo que Dios estaba haciendo. Ellos estaban contentos de dejar lo viejo, pero no preparados para entrar a lo nuevo. Cuando vieron la tierra que fluye "leche y miel" que se les había prometido, rechazaron aceptarla como suya para entrar.

---

3. Deuteronomio 6:23

Moisés envió doce espías para ver si la tierra era habitable. Dos de ellos, Josué y Caleb, regresaron con un asombroso reporte del potencial, y la naturaleza cruda y primitiva que esta tierra tenía. Los otros diez espías fueron intimidados y asustados. Ellos difundieron un reporte acerca de "gigantes" que vivían allí. La nación entera de Israel creyó el falso reporte de que había unos enemigos increíbles a los que no tenían posibilidad de conquistar. Fueron negativos en actitud, creyeron lo peor, y sufrieron las consecuencias. Esa generación se perdió Canaán, y cada uno de los diez espías murió en el desierto. Pero Dios bendijo a Josué y a Caleb con larga vida, y los comisionó para guiar a la siguiente generación a entrar, conquistar y poblar la tierra.[4]

Dios les dio a los israelitas el éxodo de Egipto para poder darles la entrada a Canaán. Puesto que la historia de Israel sirve como un ejemplo para nosotros,[5] el patrón de Dios es el mismo para nosotros hoy. Si fallamos en darnos cuenta de que Dios nos está sacando *de* para llevarnos *hacia* una tierra que es mejor y más brillante, igual que la primera generación de israelitas libres, podemos morir en el desierto de la incredulidad. Podemos perdernos nuestra "Tierra Prometida" al perdernos los patrones y principios de Dios.

La meta fundamental de Dios para nuestras vidas es llevarnos a una relación cercana con Él. El deseo de Dios para todos sus hijos es la semejanza a Cristo.[6] Para traernos hacia esa semejanza y posición, primero Él tenía que sacarnos *de*, fuera de nuestros viejos hábitos, actitudes equivocadas, pensamientos pecaminosos y acciones egoístas.

Debemos permitir que Dios nos guíe hacia afuera para que nos pueda guiar hacia adentro.

---

4. Vea Números 14:30; 27: 18-23; 32:12.
5. Vea libro de Números.
6. Vea Filipenses 3: 10-12.

Dejamos lo viejo, y entramos a lo nuevo mediante la crisis.

Para liberarnos hacia la salvación, primero Dios tiene que liberarnos del pecado. Vamos por la vía de la crisis. Afrontar la realidad, admitir nuestra necesidad, humillarnos y arrepentirnos, todos son parte de la crisis de salvación.

> Dejamos lo viejo, y entramos a lo nuevo mediante la crisis.

Dios nos libera hacia la justicia, liberándonos *del* mal.

Al llevarnos Dios de un nivel de vida a otro, las transiciones difíciles e inclusive traumáticas producen estrés. Los hijos de Israel fallaron en darse cuenta de lo que Dios estaba haciendo y colapsaron bajo la presión. Malentendieron el propósito de Dios de guiarlos fuera de Egipto. Dios quería llevar a su pueblo a Canaán, la tierra que Él había prometido a Abraham y a sus descendientes, pero lo único que pudieron ver fue el desierto a través del cual tenían que pasar: la crisis de transición.

Debemos mirar más allá del estrés de lo temporal hacia la gloria de lo permanente; de lo temporal hacia lo eterno.

Dios está más interesado en a dónde vamos que de dónde venimos.

Dios siempre mira el producto terminado.

Dios mira siempre el lugar donde quiere que sus hijos estén, a donde los está llevando, en la medida que ellos le sigan obedientemente.

Cuando Elías caminó en la tierra, experimentó pruebas y luchó con sus cinco tentaciones. Dios le ministró para llevarlo a una nueva relación. Elías creyó que Dios era un Dios bueno, confió en Él, le obedeció, y cambió su experiencia penosa por un ministerio más grande que antes. Cuando Elías dejó esta tierra y pasó su manto, el símbolo de su unción, a Eliseo, su ministerio fue multiplicado.[7]

Jesús desea multiplicación para nosotros, sus discípulos. Él oró para que nosotros llegáramos a ser uno para que el Espíritu viniera sobre nosotros.[8] Él sabía que nosotros, los que componemos el Cuerpo de Cristo en el mundo, comenzaríamos a pensar sus pensamientos, hablar sus palabras y hacer sus obras. De esa manera, su ministerio sería multiplicado. Pero Jesús tuvo que dejarnos y regresar al Padre en el cielo, para que pudiera enviarnos su Espíritu Santo. Dios *entró* al mundo y a la vida de sus discípulos a través de Jesucristo, y Cristo *dejó* el mundo para poder entrar a sus discípulos nuevamente, esta vez a través de su Espíritu.

Debemos estar preparados para dejar lo viejo y poder entrar a lo nuevo. Cuando tratamos con el cambio de una manera justa, nos multiplicaremos o creceremos, en lugar de disminuir.[9]

Debemos estar preparados para dejar lo viejo y poder entrar a lo nuevo.

Dejar nuestro "Egipto", esperar en el desierto para calificarnos para la tierra prometida, entrar a Canaán, todo crea nueva crisis, pero cada crisis es un peldaño hacia una vida mejor, más alta, y más permanente que Dios nos quiere dar.

---

7. Vea 2 Reyes 2: 7-14
8. Vea Juan 17: 11-21
9. Ibid.

Dios siempre mira hacia dónde nos quiere llevar, no solo dónde estamos. Eso fue verdad con Abraham y Moisés, y es verdad con nosotros hoy día.

Salir es necesario para entrar; y entrar es tan importante como salir.

> Salir es necesario para entrar; y entrar es tan importante como salir.

ENTRAR A LA CRISIS Y SALIR

Cuando Jim me llamó para conversar acerca de un asunto relacionado con el ministerio, la conversación comenzó a incluir su preocupación personal acerca de la iglesia a donde estaba asistiendo. Jim me dijo que creía que había sido divinamente "guiado" a la iglesia, y que creía que había sido enviado para un propósito particular de ayudar al pastor. Ahora, cuatro años después, admitió que el pastor parecía no querer su ayuda, su esposa estaba triste allí, y sus hijos no querían asistir a la iglesia con ellos.

Sin embargo, él todavía seguía renuente a salir porque creía fuertemente que Dios le había guiado a ese lugar de adoración.

"¿Estás siendo ministrado allí?", pregunté. "¿Estás obteniendo algún beneficio de la adoración allí?".

Le pregunté eso porque todo en la vida tiene el potencial de ser un beneficio o un perjuicio.

"No, ni tampoco mi familia", dijo enfáticamente. "Entonces, ¿por qué no sales?".

"Porque Dios me guió a ir allí".

"Necesitas darte cuenta", le dije, "de que frecuentemente Dios nos lleva hacia algo de una forma tan sobrenatural, que cuando es tiempo de moverse la salida es tan natural que no la podemos aceptar".

Algunas veces la entrada es muy sobrenatural, señales y maravillas nos siguen mientras caminamos en el sendero que Dios tiene para nosotros. Así que, cuando es tiempo de salir, puede parecer tan natural que lo perdemos de vista. Dios liberó de Egipto a los israelitas causando pestes y plagas en Egipto. Esa fue la excepción; no la regla. Fue un acto sobrenatural para un tiempo específico en la historia. Pero si buscamos a Dios solo en lo espectacular, nos perderemos el Espíritu Santo.

El tiempo oportuno es el ingrediente esencial en el éxito.

El tiempo oportuno es el ingrediente esencial en el éxito.

Mucha gente permanece más tiempo del que debería creando más problemas que si hubieran salido a tiempo. Esto es lo que le pasó a Jim. Se quedó más tiempo de lo que debió, y desarrolló problemas en su vida personal y familiar. Él afrontó dificultades y penalidades que fueron innecesarias.

Cuando encontré a Jim meses después, estaba feliz y contento. Una vez que tomó la decisión de salir, Dios pudo llevarlo al próximo lugar dónde quería que Jim estuviera.

Cuando es tiempo de salir, siempre habrá aquellos que quieren que usted se quede. El deseo de ellos estará frecuentemente basado en sentimientos personales. Cuando Dios lo mueve de un lugar hacia otro, usted no puede permitirse ser engañado para tomar una decisión basada en sentimientos, en vez de basada en la verdad.

Seguir el tiempo oportuno de Dios siempre resultará en bendición. Dios puede usarlo en un momento específico del tiempo en una forma poderosa, gloriosa y única.

El éxito llega cuando usted es el hombre correcto, en el momento correcto, en el lugar correcto. El tiempo oportuno es el ingrediente esencial.

> El éxito llega cuando usted es el hombre correcto, en el momento correcto, en el lugar correcto.

En el primer siglo, Saulo perseguía a los cristianos hasta que Jesucristo se le reveló milagrosamente, y lo dejó ciego. Ananías fue a la casa de Saulo, impuso sus manos sobre él, y oró para que recibiera la vista. El nombre de Saulo fue cambiado a Pablo. Él se convirtió en un predicador poderoso de la fe cristiana, y extendió el evangelio hasta el presente a través de las cartas que escribió, las cuales se convirtieron en parte de nuestra Biblia.

Ananías fue un hombre de Dios, que se levantó de la oscuridad para suplir una necesidad particular en un tiempo específico. Luego regresó a la oscuridad, y ninguna otra palabra se oyó de él. Él entró a la historia y salió. Su recto estilo de vida hizo posible que ministrara a Pablo, y ayudó a lanzarlo al ministerio. Él era el hombre correcto, en el momento correcto, en el lugar correcto.[10]

10. Vea Hechos 9: 10-18

EL ÉXITO BORRA EL FRACASO

Cuando usted entra a un nuevo lugar, tendrá experiencias, amigos y lecciones. Si ha aprendido sus lecciones del último lugar al que entró, entonces Dios hará de usted algo completamente diferente. Si no ha pasado las pruebas que Dios le dio la última vez, las volverá a hacer nuevamente hasta que haya aprendido la lección y haya pasado la prueba. Cuando los israelitas rechazaron entrar a Canaán la primera vez, fueron a un lugar llamado Cades-barnea,[11] y terminaron siendo errantes otra vez, antes de conquistar Canaán. Nosotros también tenemos "Cades-barnea" en nuestras vidas. Esas son las situaciones y condiciones que encontramos de tiempo en tiempo hasta que finalmente decidimos, "¡No más! ¿Qué quieres que aprenda, Señor?".

Una vez que usted ha pasado su "Cades-barnea" y está entrando a la nueva tierra, comenzará nuevas lecciones, nuevas experiencias, un nuevo crecimiento espiritual que nunca conoció previamente. Este es el plan de Dios para todos los cristianos que están creciendo y madurando. Crecemos de *gloria en gloria*,[12] de éxito en éxito.

El éxito borra el fracaso.

Usted no puede tomar experiencias del pasado, y plantarlas en el terreno fresco de un nuevo lugar o persona.

Hay un patrón dado por Dios para entrar a una nueva situación o relación. Usted no puede tomar experiencias del pasado y

11. Vea Deuteronomio 2:24; 9:23
12. 2 Corintios 3:18

plantarlas en el terreno fresco de un nuevo lugar o persona. No puede tomar una amistad y duplicarla con otra persona, a menos que ponga el fundamento nuevamente. No puede tomar el patrón para un negocio y copiarlo en otro, a menos que el nuevo terreno esté acondicionado.

El patrón para la cosecha es: acondicionar el terreno, sembrar la semilla, regarla, y recoger la cosecha.

El patrón para la cosecha es: acondicionar el terreno, sembrar la semilla, regarla, y recoger la cosecha.

Recoger la cosecha es el último paso, y el más obvio, ¡a menos que lo olvide! Todo pastor sabe que tiene que hacer el llamado al altar. Todo miembro de la junta sabe que tiene que someter las ideas a votación. Todo padre sabe que hay un tiempo cuando la familia debe estar unida en acuerdo. Cuando esas cosas pasan, todos recogen la cosecha deseada.

Todo granjero sabe que acondicionar el suelo, sembrar la semilla, y regarla sin recoger ninguna cosecha es infructuoso y frustrante. La cosecha es el propósito de todo el esfuerzo.

El patrón para la cosecha siempre obrará, y obrará para su beneficio.

En el próximo capítulo le mostraré diez pasos que le capacitarán para moverse a través de períodos de transición con la menor dificultad posible. Si los sigue, pueden traer la bendición de Dios a su vida, sin importar lo que pueda estar dejando.

RECUERDE

✦ Siempre estamos en el proceso de entrar y salir.

✦ El patrón de salida de Dios no es una salida *de*, sino una salida *hacia*.

✦ La meta fundamental y primaria de Dios para nuestras vidas es llevarnos hacia una relación más cercana con Él.

✦ Dejamos lo viejo y entramos a lo nuevo mediante la crisis.

✦ Dios está más preocupado acerca de hacia dónde vamos que de dónde venimos.

✦ Si buscamos a Dios solo en lo espectacular, nos perderemos al Espíritu Santo.

✦ El tiempo oportuno es el ingrediente esencial en el éxito.

✦ El éxito borra el fracaso.

CAPÍTULO 6

PASOS PARA ENTRAR Y SALIR

El patrón de Dios de "entrar y salir" tiene diez pasos que le pueden ayudar a atravesar la crisis de cambio. Si ha dejado un trabajo, fue despedido, ha sido reasignado, o dejó una iglesia o ministerio, rompió un noviazgo, comenzó una nueva carrera, encontró con quién casarse, se mudó a otra ciudad, comenzó la universidad, o se encontró en una situación diferente, puede seguir estos pasos. Sígalos en cada etapa sucesiva de su vida para ayudarse a adaptarse más fácilmente. Ellos son:

1. Dese cuenta de que la crisis es normal.

La primera cosa que necesita entender es lo que ya hemos declarado: la crisis es normal en la vida.

Cada vez que esté en una etapa de transición, pasará por una crisis. La crisis es normal en un proceso de crecimiento. Recuerde: el patrón de escape de Dios no es fundamentalmente un escape *de*, sino un escape *hacia*. Dios lo está sacando de una condición temporal de la vida, para llevarlo a otra más alta y permanente. Por lo general, la manera de ir de un estado de vida transitorio a otro más permanente es por medio de la crisis. Mantenga esta perspectiva divina mientras cree en el Señor para guiarle a través de las etapas de desarrollo.

En la transición, lo más importante para usted es lo que está en su mente, corazón y espíritu. Dónde usted está no es tan importante como quién es usted. Mientras Dios cambia el dónde, ábrase para permitirle a Él que cambie el quién. Usted puede dejar el ambiente antiguo y las circunstancias anteriores, pero recuerde siempre que llevará su espíritu consigo. Lo que está en su espíritu determinará lo que encuentre en su nueva situación y ambiente.

> En la transición, lo más importante para usted es lo que está en su mente, corazón y espíritu.

2. Siga el patrón de Dios: perdone.

El Señor Jesucristo es nuestro patrón para entrar y salir. Él salió del cielo para entrar a la tierra; luego salió de la tierra para volver a entrar en el cielo. Cada uno fue por medio de crisis.

En la cruz, Jesús sufrió la vergüenza del castigo de un criminal, a pesar de haber vivido una vida sin pecado. Los extremos que afrontó mientras salía de la tierra para volver a entrar al cielo son imposibles de comprender completamente por nosotros. Pero dese cuenta de lo que Jesús hizo por nosotros. Mientras estaba en la cruz, sufriendo los extremos de la crucifixión, Él oró: *"Padre, perdónalos porque no saben lo que hacen"*.[1] Su perdón abrió el cielo para nosotros.

---

1. Lucas 23:34

Jesucristo murió en la cruz, fue puesto en una tumba y se levantó de la muerte, y aún cuando Él pagó el precio completo por nuestra salvación, si lo hubiese hecho sin perdonarnos de nuestros pecados, no podríamos entrar al cielo. La falta de perdón nos hubiera impedido reunirnos con Él y con el Padre. Su perdón abrió el camino para nosotros.

La vida se vive sobre la base de relaciones, así que el abrir o cerrar las puertas de las relaciones es un patrón tan importante como el de entrar o salir. Por medio del perdón, Jesús abrió la puerta de la relación hacia Él y el Padre.

El mismo principio se aplica para usted y para mí en nuestras acciones hacia otros.

El perdón abre, la falta de perdón cierra.

Si usted quiere abrir, debe perdonar.

El perdón abre, la falta de perdón cierra.

Jesús dijo: *"...Recibid el Espíritu Santo: A quienes remitiereis los pecados, les son remitidos; y a quienes se los retuviereis, les son retenidos".*[2]

La falta de perdón causará que los pecados sean retenidos dentro de usted. Esta es una verdad, ya sea con pecados que haya cometido usted como con los que hayan cometido contra usted. La falta de perdón en cualquiera de los dos casos cerrará amistades, asociaciones y oportunidades. Cuando usted mantiene falta de perdón en su corazón hacia alguien, esa falta de perdón cierra áreas de usted mismo.

2. Juan 20:22, 23

El matrimonio es un gran ejemplo de cómo la falta de perdón cierra una relación. Cuando una persona entra al matrimonio, él o ella deben dejar la vida y la familia de solteros. Si un hombre toma sus costumbres de soltero y las lleva al matrimonio, de seguro que arruinará el matrimonio. Cuando dos personas se casan, dejan a los padres y se aferran el uno al otro.[3] Al llevar a los padres, a través de falta de perdón, dentro de la relación que principalmente es para dos, ellos acabarán con los padres de él y de ella, y tratarán de hacer un matrimonio con cuatro personas, lo cual es demasiado.

Aquellos cónyuges no perdonan a sus padres, y su falta de perdón estropea eventualmente su nueva unión; y aquellos cuyos suegros no perdonan, encontrarán dificultad en relación con su cónyuge.

El espíritu de falta de perdón se comunica del espíritu de una persona a otras, y los bloquea de relaciones saludables. Guardar rencores y dejar que los prejuicios malogren la intimidad no es manera de vivir. No importa si es una esposa, esposo, hijo, suegro, amigo, vecino, jefe, empleado, colega, padre, madre, doctor, o pastor; un espíritu con falta de perdón bloqueará a otros, y con eso bloquea parte de la vida de una persona.

El perdón siempre es un regalo.

Cuando usted abriga falta de perdón hacia otros, no puede testificarles o ministrarles eficazmente; usted cierra el cielo para ellos. Pero cuando perdona y abre esa relación de manera que puede ministrar la Palabra de Dios, ha abierto el cielo para ellos. Entonces ellos pueden recibir a Cristo como Salvador.

---

3. Vea Génesis 2:24

El perdón siempre es un regalo. El perdón nunca puede ser ganado. Solo puede ser dado como es dado el perdón de Dios a nosotros.

Siempre aléjese de una relación perdonando a todos y todo. No siembre las semillas del pasado en nuevos campos de relaciones.

Una vez que se haya ido, deje atrás las experiencias y las opiniones de otros al perdonarles todo. Sea bueno o malo, no trate de plantar experiencias pasadas dentro del terreno fresco de un nuevo lugar o nuevas personas. Aún cuando experimente éxito en un lugar, cuando cambie, empiece nuevamente desde el fondo de su nuevo nivel. Permita que sus nuevos asociados lo conozcan primero. Entonces puede compartir el pasado con ellos.

Permita que lo juzguen por lo que es, y no por lo que fue.

3. Admita que Dios es su fuente.

Lo siguiente que necesita hacer en tiempos de cambio es admitir que Dios es su fuente. Reconozca que si ha entregado su vida a Cristo, Él, no el hombre, está en control de todo lo que usted le somete y le entrega.

"El Señor es mi ayudador, no temeré lo que me pueda hacer el hombre"[4] es una verdad bíblica.

Banqueros, patronos, supervisores de personal, jueces, la estructura corporativa, y aún su iglesia no es su fuente: Dios lo es. Estos pueden tener autoridad en su vida, y usted tiene que reconocer y respetar esa autoridad. Pero hay una Autoridad mayor a la cual usted se ha sometido, y todas estas cosas descansan bajo su suprema autoridad. Como su Abogado, Él es capaz de representar

---

4. Hebreos 13:6

su caso de una manera victoriosa y obtener el resultado a su favor. Dios es la suprema autoridad de todo en su vida.

Tengo un gran amigo a quien Dios lanzó al servicio misionero de una manera poderosa. Él llegó a ser un misionero tremendamente exitoso.

Una vez él hizo de mi casa su oficina principal mientras estaba en los Estados Unidos, levantando fondos para regresar al campo misionero. Noté algo peculiar sobre él en ese tiempo. Cuando llegaba la correspondencia, él corría al buzón del correo para ver si había algo para él. Si había una carta con dinero, estaba feliz. Si no era así, se ponía triste. Noté que él dependía del buzón del correo como su fuente. La verdad es que Dios siempre estaba obrando para su mayor bien, sin importar qué viniera en el correo. Eventualmente aprendió bien esa lección. Si no lo hubiera hecho, nunca se habría convertido en el hombre de estado misionero en el que se convirtió.

Años después me lancé al ministerio y comencé a depender de las donaciones privadas que me apoyaban. Un día me encontré caminando hacia mi casa desde el buzón de correo. Revisando las cartas, sentí mi espíritu entristeciéndose mientras veía que no había ningún ingreso. De repente, la imagen de mi amigo misionero vino a mi mente, y me di cuenta de que estaba atrapado en el "síndrome del buzón del correo". ¡Yo no necesitaba mi buzón del correo como mi fuente de provisión en mi crisis! Necesitaba depender de Dios como mi fuente.

Nuestra batalla financiera se gana sobre nuestras rodillas, no en el banco, no en el correo. ¡Dios es nuestra fuente!

Reconozca que Dios es su fuente, y nunca deje de honrarlo con su sustancia. Si está sufriendo de una pérdida financiera, honre a

Dios con los recursos financieros que tiene. La fe opera en todo tiempo.

Dar a Dios no es una clase de soborno súper espiritual, que lo liberará de angustia. Usted no puede compensar con sacrificio lo que pierde por desobediencia.

> ### Usted no puede compensar con sacrificio lo que pierde por desobediencia.

No puede de repente decidir dar sacrificialmente a Dios, esperando compensar por años de desobediencia a Dios. Arrepiéntase de haber hecho lo malo. Dele a Dios porque es lo correcto. No trate de "comprar" o "sobornar" a Dios. ¡No funcionará!

Dios es Dios, y Él hará lo que es mejor para usted de acuerdo con su sabiduría infinita. Cuando aplicamos nuestro entendimiento finito y soñamos con la solución a nuestra crisis, pero Dios no actúa en la forma que pensamos que debería hacerlo, podemos decepcionarnos de Él. Algunos hasta se amargan hacia Él. Cuando usted le da a Dios, puede esperar algo a cambio, puesto que Dios no es deudor de nadie. Pero cuándo y cómo Él honra su fe, es asunto del Señor. Usted puede conocer el principio bíblico de "ofrendar la semilla de fe". Es válido, pero no es una poción mágica. El cielo no opera una lotería. Usted no da, y luego espera ganar el premio gordo. Esperar que Dios nos libre instantáneamente de toda una vida de error es presunción y no fe.

Nos decepcionamos en la vida no por lo que encontramos, sino por lo que esperamos encontrar.

Cuando esperamos que las bendiciones de Dios coincidan con nuestras decisiones, nos predisponemos a la decepción. El tiempo de Dios no es nuestro tiempo, y dar nunca es una solución mágica para nuestros problemas.

Hay una línea fina entre la fe y la presunción. Esa línea es la diferencia entre el espíritu y la carne, la gracia y las obras, la obediencia y la suposición.

En pocas palabras, dé sus diezmos y ofrendas generosamente, por fe, creyendo que Dios tendrá cuidado de usted, y espere sus bendiciones. Pero no dé con presunción, presumiendo saber cómo Él tendrá cuidado de usted o cómo vendrán las bendiciones.

Libérese de pensamientos mágicos. Trate con la realidad.

Dios honra a aquellos que lo honran.[5] La forma más grande de honrarlo es teniendo fe en Él. Dele a Dios como un acto de fe. Eso es honrar a Dios. El diezmar, como el bautismo, el testificar, u otros hechos que honran a Dios, son una evidencia externa de una obra interna. Internamente nos hemos entregado a Dios. Externamente, morimos a nosotros mismos y le damos a Él materialmente, con nuestra dedicación, con nuestro tiempo y energía, contándole a otros sus Buenas Nuevas. Dios ama al dador alegre.[6]

Así como el perdón abre relaciones, dar abre bendiciones. La riqueza en dar producirá riqueza en la vida, sea en relaciones, finanzas y cualquier otra área.

Dios espera que lo reverenciemos como nuestra fuente. Darle a Dios reverencia, *"prolonga la vida del justo"* dice el Proverbio.[7] La

---

5. Vea 1 Samuel 2:30
6. Vea 2 Corintios 9:7
7. Vea Proverbios 10: 27 AMP

reverencia a Dios es revelada en nuestra adoración, y en nuestra actitud hacia la adoración. Murmurar acerca del tiempo invertido, quejándose de cuánto tiempo Dios toma de su domingo, el día del Señor, afectará de una forma adversa el cumplimiento de las promesas de Dios, así como la murmuración alejó a Israel de la Tierra Prometida. Cuando usted cuidadosamente le da su tiempo a Dios, en realidad un diezmo de su tiempo, usted gana tiempo durante el resto de la semana. Muchos hombres que se quejan de que nunca tienen suficiente tiempo son culpables de murmurar contra el día del Señor.

> Así como el perdón abre relaciones,
> dar abre bendiciones.

4. No tenga pánico.

Cuando le despiden de un trabajo, se está preparando para el matrimonio, o en cualquier crisis, usted necesita librarse del estrés que le empuja al pánico. El pánico y la productividad son opuestos. El pánico es siempre improductivo.

Los hijos de Israel, en sus crisis, oscilaban entre dos opiniones, dos creencias religiosas. Elías se paró delante de ellos y dijo: *"¿Hasta cuándo seguirán indecisos, titubeando entre dos opiniones? Si el Señor es Dios, ¡síganlo! Pero si Baal es el verdadero Dios, ¡entonces síganlo a él!"*.[8] Ellos cambiaban momento a momento, día a día, hasta que Dios los llevó a un lugar de decisión para que le siguieran a Él.

En la indecisión emocional que puede variar en el minuto, el pánico puede llegar con la acumulación de tensiones, ansiedades y

---

8. 1 Reyes: 18-21 NTV

opresión en su espíritu, que pueden perjudicar su habilidad para pensar y actuar sabiamente.

Los atletas llaman a este fenómeno "obstrucción mental". Usted se "obstruye" cuando se tensa, y no puede producir lo mejor de usted debido a su condición emocional, mental o espiritual. En deportes, "obstruirse" causa la doble falta en el tenis, las faltantes seis pulgadas en golf, y el error de campo en el béisbol.

En la vida espiritual, la opresión y el pánico ciegan los ojos a la Palabra de Dios, deprimen el espíritu, reducen la fe, roban la vida de oración, y estorban para recibir las respuestas de Dios.

El pánico es más obvio cuando usted se levanta en la madrugada, incapaz de dormir, lleno de temor, buscando respuestas en vano, tentado a rendirse o a cometer suicidio (social, financiero o físico), y preguntándose qué hacer. Entonces en la desesperación, prende la lámpara de su cama para leer la Biblia, pero lo único que sale de las páginas son los juicios de Dios. Debido a su estado débil, los aplica a su vida, y se hunde más y más en la depresión, la incredulidad y la preocupación.

Algunas veces ese insomnio es producto de un muy real ataque del enemigo de nuestra alma, Satanás. David lo llamó "el terror nocturno".[9] Este terror es de un ser demoníaco o de la presencia de la oscuridad que tratarán de asustarlo. Pondrá un pensamiento en su mente que le arrebatará de un dulce sueño, o en su somnolencia, le hablará palabras de desánimo que empieza a creer. Los psicólogos que se especializan en desórdenes del sueño reconocen el "terror nocturno" como un fenómeno real. Ellos simplemente no conocen la causa o la cura.

---

9. Salmos 91:5

Cuando el insomnio llegue a usted por lo que sea, ¡salga de la cama! No se quede allí nada más estirándose y volteándose, sumergiéndose en la miseria. Levántese, ponga un *CD* que esté lleno de fe y música de paz, y deje que la Palabra de Dios ministre a su espíritu, traiga paz a su mente y cree fe en su corazón.

"El corazón tranquilo da vida al cuerpo...", dice Proverbios.[10]

David dijo: *"No tengas miedo de los terrores de la noche ni de la flecha que se lanza en el día... Si haces al Señor tu refugio y al Altísimo tu resguardo, ningún mal te conquistará; ninguna plaga se acercará a tu hogar...."*[11]

¡Ponga alguna música cristiana y cintas de lectura de la Biblia y apague la televisión! No contamine más su mente con la basura de mentes y talentos que no son santos; en lugar de eso, renueve su mente con el lavado del agua de la Palabra.[12] Los estudios muestran que la televisión causa gran depresión y soledad, no obstante aquellos que la ven creen que los liberará de la depresión y de la soledad.[13]

No tenga pánico. Manténgase productivo.

Cuando esté buscando trabajo, lo peor que puede hacer es sentare en casa todo el día. Es particularmente difícil para la esposa si ella no trabaja fuera del hogar, tener que soportar a un esposo infeliz y desempleado que está abatido en casa todo el día. Eso crea contiendas.

---

10. Proverbios 14:30 NVI
11. Salmos 91:5, 9-10 NTV
12. Efesios 5:26
13. Ian Ball, "Now They Say TV isn´t Even Relaxing", The (London) Times, Julio 1990, citando al Dr. Robert Kubey y al Dr. Mihaly Csikszentmihalyi, *Television and the Quality of Life; How Viewing Shapes Everyday Experience* (Hillsdale, NJ: Erlbaum, Lawrence, and Associates, Inc., 1990).

Otros miembros de la familia no están acostumbrados a tener al papá en casa. Puede ser placentero al inicio, pero luego de un corto tiempo, su presencia constante empieza a incomodar a todos. La condición se agrava si el hombre se deprime por no encontrar trabajo para mantener a su familia.

Lo mejor que un hombre puede hacer cuando está entre trabajos es mantener el mismo horario habitual como si estuviera trabajando regularmente. Debe dejar la casa en la mañana y volver en la noche. Mantenga el patrón de vida lo más normal posible.

5. Admita la soberanía de Dios.

Admita el hecho de que Dios tiene el derecho soberano sobre su vida, y que Él puede gobernar algo o todo en ella.

José fue vendido a la esclavitud por sus hermanos que lo odiaban porque había obtenido el favor de ambos padres, del terrenal y de su Padre celestial. En Egipto, José fue vendido como un sirviente a Potifar, para quien trabajó por un tiempo, ascendiendo a una posición de responsabilidad en la casa. Más tarde a causa de su integridad, José fue falsamente acusado por la esposa de Potifar y puesto en prisión cruelmente.

Enfrentado con esa ira, oposición, traición e injusticia, José tenía toda la razón para rendirse y concluir que Dios le había fallado o le había dado la espalda. Pero aún en sus tiempos de crisis y confusión, José permaneció fiel al Señor; reconoció su poder soberano y sometió su vida a Él en un servicio fiel.

Con el tiempo, la diligencia y sabiduría de José fueron reconocidas, y fue promovido de su celda al palacio real. Él se convirtió en el segundo del faraón, y fue puesto en autoridad sobre toda la nación de Egipto. Más tarde encontró a sus hermanos, quienes cayeron delante de él, pidiendo perdón por el terrible mal que le hicieron. La respuesta de José fue:

"...No me tengan miedo. ¿Acaso soy Dios para castigarlos? Ustedes se propusieron hacerme mal, pero Dios dispuso todo para bien. Él me puso en este cargo para que yo pudiera salvar la vida de muchas personas".[14]

Dios, por medio de su "gloria transcendente", es capaz de tomar las cosas cuyo destino era hacernos mal, y cambiarlas para que obren para nuestro bien. Dios es capaz de trascender en las circunstancias de un individuo caído, que parece no tener ninguna virtud, nada por qué vivir, cuya mente está depravada, y considerado por muchos como la "escoria de la tierra". Dios lo puede salvar, llenarlo con su Espíritu, reconciliarlo con su familia, restaurarlo en su negocio y hacer de él un buen hombre de familia, con dignidad, valor y reputación en la comunidad y beneficio para la iglesia. ¡La gloria trascendente de Dios puede tomar a un hombre de lo más bajo, y llevarlo hacia lo más alto!

Dios obrará solo con lo que le damos.

Dele todas las heridas, rechazos, fracasos y humillaciones, para que Él los pueda cambiar.

Dios obrará solo con lo que le damos.

Presente hoy sus emociones, ambiciones, pensamientos y sueños en oración a Él. Sométalos a Él y Él comenzará a obrar para su bien.[15]

---

14. Génesis 50: 19, 20 NTV
15. Romanos 8:28

Someta las circunstancias y situaciones a Dios. Deje que Él las tome y haga algo con ellas. *Dios es soberano.*

6. No limite a Dios.

Dios es un Dios creativo.

Los hijos de Israel limitaron a Dios. Era uno de sus problemas. Ellos limitaron a Dios a sus expectativas humanas, a lo que veían, a lo que sabían naturalmente o lo que experimentaron en el pasado. Ellos limitaron a Dios a su propio entendimiento.[16]

Usted y yo no somos nuestro Creador. Dios lo es.[17] Él no está limitado en su naturaleza. Dios no está limitado en sí mismo, pero está limitado en nuestras vidas por nuestra fe.[18]

> Dios no está limitado en sí mismo, pero está limitado en nuestras vidas por nuestra fe.

"La visión de túnel" es la incapacidad de ver algo a los lados de manera periférica. Aquellos que sufren de esto solo pueden ver lo que está justo frente a ellos. Muchas veces, los cristianos sufrimos de la "visión de túnel" en lo que respecta a la habilidad de Dios para crear. Esperamos que Dios obre de una manera solamente y terminamos perdiéndonos lo que realmente Dios es capaz de hacer.

Tenemos tendencia a estar limitados a lo que podemos ver con nuestros ojos físicos; a lo que hemos experimentado en el pasado; a lo que sentimos emocionalmente; a lo que nos han

---

16. Vea Romanos 12:2
17. Vea Salmos 100:3
18. Vea Mateo 13: 58

enseñado; a lo que nos han predicado o leído; a nuestras propias aspiraciones, a deseos subjetivos. Como resultado, somos incapaces de ver más allá de nosotros mismos y tener la fe para creer en Dios por las cosas que solamente Él puede crear o hacer que sucedan.

Cuando oramos y le pedimos a Dios que tenga cuidado de las cosas, y luego tratamos de arreglarlas por nosotros mismos, lo limitamos.

Cuando "lloramos sobre la leche derramada" y nos aferramos a cosas que sucedieron en el pasado, limitamos a Dios el obrar para nuestro mayor bien en el presente.

Dios no está limitado a menos que nosotros lo limitemos. Dios no pone límites a la fe. La fe no pone límites a Dios. Dios puede crear algo de lo que parece ser nada.[19]

> Dios no pone límites a la fe, La
> fe no pone límites a Dios.

Mi ejemplo favorito de la visión limitada en el hombre y la creatividad ilimitada de Dios es algo que ocurrió en Pittsburg hace años. Yo había ido allí durante un tiempo de depresión financiera cuando había una tasa de desempleo del 27% en la ciudad. Mi propósito era enseñar los principios de Dios a tantos hombres como fuera posible, y animarlos a creer en Dios para que su bondad prevaleciera en sus vidas.

Al final de la reunión, uno de los hombres que había asistido se puso de pie y nos contó una historia que nos sorprendió a todos.

---

19. Vea Romanos 4:17; vea también Hebreos 11:3

Narró que después de trabajar en un molino de acero en el pueblo por 22 años, repentinamente fue despedido y se encontró sin trabajo. Él siempre pensó que se retiraría del molino algún día y viviría de los beneficios de su jubilación. Pero ahora no había trabajo, ni fondo de jubilación, y su liquidación de desempleo no duraría por siempre. Sabía que tenía que hacer algo.

En casa se volvió deprimido e irritable. Sus tensiones permearon todo el hogar, y a todos los que estaban en él. Los niños "acababan con sus nervios", y parecía siempre estar en el camino de su esposa. Las primeras semanas parecían de vacaciones, pero estar en casa todo el día, todos los días, se volvió tedioso, pues no tenía nada qué hacer.

Peor aún, el presente, el futuro empezaron a pesar fuertemente sobre él.

"No conocía sobre estos patrones y principios que usted está enseñando", dijo. "Solamente sabía que tenía que salir de la casa y fuera del camino. Así que comencé a salir de casa un poco después de que los niños se iban a la escuela, y me mantenía afuera hasta que regresaban. Daba unas caminatas largas para tener en qué ocuparme, cuando no había dónde buscar un trabajo. Cada día ocupaba la misma cantidad de tiempo que normalmente tomaría si estuviera trabajando. Así como usted enseñó.

"Había salido del trabajo unos pocos meses cuando tuvimos una tormenta de nieve. Al día siguiente que la tormenta cesó, me fui caminando otra vez. Mientras caminaba, noté una anciana vecina que me miraba por su ventana. Cuando la vi me di cuenta de que no podía salir de su casa debido a la nieve, así que le pregunté si le gustaría que sacara la nieve de la entrada de su casa. Me dijo que estaría muy agradecida.

"Después que terminé de sacar con una pala la nieve de la vereda, me ofreció algo de dinero, pero le dije que no lo deseaba. Al día siguiente cuando salía a caminar, otra viuda me pidió si podría sacar la nieve de su vereda. Supongo que se avisaron, pero lo hice. Cuando me ofreció algo de dinero, lo tomé porque insistió.

"Tomé ese dinero y compré palas para mis hijos, y mientras estaban en la escuela fui preguntando si la gente necesitaba que sacara nieve de sus veredas o sus pistas. Cuando los chicos vinieron a casa, fuimos todos y quitamos la nieve. Esa semana gané más dinero del que hubiera ganado trabajando en el molino.

"Fue excelente. Me sentí bien. Hicimos eso todo el invierno.

"Bueno, cuando vino la primavera, pasé por la casa de esa misma dama y cuando me detuvo para hablar, noté que su patio trasero necesitaba limpieza. Le pregunté si quería que lo hiciera y dijo que sí, así que lo limpié para ella. Limpié su desván también, y algunos trastos viejos que me pidió que tirara me los llevé a casa y los arreglé.

"El viejo dicho: 'los trastos de un hombre son el tesoro de otro', es cierto. Vendí algunas de sus cosas como 'antigüedades'.

"Empecé a ir casa por casa, preguntando si la gente quería que limpiáramos sus patios o desvanes y, si querían, mis hijos y yo lo hacíamos. Así empezó mi negocio.

"Ahora tengo mi propio negocio y tienda de antigüedades, y estoy haciendo más dinero del que nunca pude hacer en el molino. Este invierno llevaré a mi esposa a Florida, mientras otra persona se hace cargo de mi negocio".

Terminó diciendo: "Si nunca me hubieran despedido del molino, nunca habría estado donde estoy ahora. Cuando al principio me quedé sin trabajo, no pude entender por qué Dios permitió que eso me sucediera. Cuando me rendí totalmente a Él, Él creó una nueva vida para mí. La mejor cosa que me pudo suceder fue ser despedido. Ahora puedo alabar a Dios por eso".

Su Dios es un Dios creativo.

No lo limite.

Confíe en Él.

7. Humíllese para obedecer a Dios.

Hay algunas personas que no pueden admitir que están equivocadas, y otras que no pueden soportar equivocarse. Ambas tienen dificultades sirviendo a Dios.

Cuando estamos equivocados, debemos admitirlo. Cuando nos equivocamos, a veces debemos luchar con ese error, y a veces someternos a él. Saber cuándo luchar y cuándo someternos es la clave para ganar o perder.

La humildad precede a la bendición.

"Humíllense, pues, bajo la poderosa mano de Dios, para que Él los exalte a su debido tiempo".[20]

La humildad precede a la bendición.

Si pedimos la bendición, pero no estamos dispuestos a humillarnos, entonces Dios nos humillará. Esto es lo que Él hizo con los hijos de Israel.

---

20. 1 Pedro 5:6 NVI

Mirando a los grandes hombres y mujeres de fe, es obvio que en cada una de sus vidas hubo un tiempo de gran humildad ante Dios y el hombre. La manera de Dios de hacer esto fue por una lucha externa o una pérdida interna. De ese proceso de humillación vino la búsqueda de Dios que los llevó a nuevos y grandes lugares de ministerio e influencia.

Es en esos tiempos de mayor humillación, aquellos tiempos cuando somos despojados de todo menos de la dependencia de Dios, cuando aprendemos a confiar más y a obedecerle más. Según aprendemos a obedecerle, somos preparados para mayores alturas que las que nunca antes hemos imaginado. Las Escrituras declaran que Dios habita en un lugar alto y sagrado, con los que son de corazón arrepentido y humildes de espíritu.[21]

Jesús dejó la gloria del Padre para entrar a la tierra de una manera humilde. Se hizo a sí mismo sin reputación y fue formado como un hombre.[22] Cuando dejó la tierra para entrar al cielo, otra vez se humilló. Él fue obediente a la cruz. Esta obediencia hasta la muerte era la única manera en que podía volver a recibir la gloria que tenía con el Padre desde antes de la fundación de la tierra.[23]

Jesús fue de gloria en gloria y venció todo.

La humildad fue necesaria para la exaltación. La humildad precede a la bendición.

El patrón nunca varía. Era el patrón de nuestro Señor y es nuestro.

Humíllese para obedecer.

---

21. Vea Isaías 57:15 NTV
22. Vea Filipenses 2: 7, 8
23. Vea Filipenses 2: 9-11

8. Confíe en que Dios lo reivindicará.

Si se enfrenta con injusticia en el tiempo de salir, no devuelva mal por mal. Cuando sea perseguido, no busque represalias. Más bien ore por aquellos que le maltrataron, y confíe en Dios para su reivindicación.[24]

Cuando Moisés guió a los hijos de Israel fuera de Egipto, el Faraón trató de regresarlos, pero Dios no hubiera permitido que los recapturaran. En lugar de eso destruyó el ejército de los egipcios que los perseguía.

"Dios, que es justo, pagará con sufrimiento a quienes los hacen sufrir a ustedes",[25] es lo que la Biblia asegura del cuidado de Dios por usted. También es la razón por la cual le dejamos el juicio y la venganza a Él. Dios se encargará de aquellos que le hacen sufrir.

"Mía es la venganza; yo pagaré», dice el Señor".[26]

No importa lo que suceda, Dios es capaz de tratar con justicia a nuestros opresores. Si usted trata de reivindicarse a usted mismo, lo hará a su propio costo. Mantenerse y esperar en Dios renueva su fuerza y edifica su carácter. Si no tiene culpa de las cosas, mantenga su paz. Aún mal juzgado y falsamente acusado y condenado, porque Él mantuvo su paz, Jesús retuvo su poder y unción.[27]

Cuando salga por causa de malas políticas o métodos corruptos de la empresa, o debido a la inefectividad del ministerio, o por el mal carácter de otra persona, no trate de justificarse diciéndoles que ellos están equivocados. Tales acciones solo le hacen daño a usted, no a ellos.

---

24. Isaías 57:15
25. 2 Tesalonicenses 1:6 NVI
26. Romanos 12:19 NVI
27. Vea Isaías 53:7

No se reivindique a usted mismo. Permita que su nueva vida sea su reivindicación.

No sea el chivo expiatorio de alguien. Si usted es acusado de algo de lo que no tiene la culpa, lléveselo al Señor. Él lo reivindicará. La verdad siempre ganará. Dios la sacará a la luz.[28]

Si se debe tomar acción legal, hágalo de una manera correcta. Perdone desde el corazón. Manténgase en los principios. Confíe en Dios.

No importa cuán herido esté, no permita que una raíz de amargura nazca en su espíritu.[29] Tome sus sentimientos más profundos y llévelos al Señor en oración.

Permita que la paz de Dios gobierne en su corazón.[30] *"Dios no es Dios de confusión, sino de paz"*,[31] dice el apóstol Pablo. Calme su mente y espíritu y permita que su paz prevalezca.

Por otro lado, asegúrese de que su salida no sea algo que haya causado y luego culpen a otro. *"La gente arruina su vida por su propia necedad, y después se enoja con el Señor"*,[32] dice la Biblia.

Tal vez no hubo nada injusto en su salida. Es solo un recorte de personal o finanzas en una compañía o ministerio, pero le ha dejado sin trabajo, ingreso o dinero. Porque el sentimiento de seguridad de un hombre muy a menudo está ligado a su trabajo o profesión, un hombre sin dinero se siente como si hubiera sido mutilado, totalmente desinflado. Si su salida le ha dejado en una crisis financiera, no castigue a otros a causa de su dilema. Recuerde: su fuente es Dios, no su jefe, trabajo o chequera.

---

28. Vea Salmos 37: 5, 6
29. Vea Hebreos 12:15
30. Vea 1 Corinrios 14:33
31. 1 Corintios 14:33. Ibid.
32. Proverbios 19:3 NTV

Una persona que está segura de quién es y conoce a su Dios, actúa como tal con o sin dinero.

No se rinda al resentimiento, el miedo o la depresión. Puede ser que haya perdido su trabajo, pero no ha perdido su sentido del valor o su fuente de salud.[33] *Dios es su fuente de valor y salud.*

Su Padre celestial tiene más dinero en los fondos de su caja chica que los Estados Unidos en su deuda nacional. Él proveerá para sus necesidades.[34]

Dios es verdad. Él lo reivindicará cuando camine en la verdad.

9. Comuníquese.

No deje de comunicarse, sea con la gente o con Dios. No se aísle. La soledad y el aislamiento solo pervertirán su pensamiento. Mantenga su balance al continuar interactuando normalmente mientras atraviesa la crisis.

Mucha gente encuentra que cuando hablan con el Señor en medio de crisis, están tan tensos que es difícil escuchar a Dios. Otros simplemente nunca han aprendido a escuchar a Dios, y el estrés lo empeora. Si usted necesita hablar, acérquese a su pastor o a un consejero espiritual que sea de confianza y lleno de la verdad de la Palabra de Dios. Si no investiga a aquellos con quienes habla, y les cuenta todo lo que está en su corazón, sus "consejeros", como los de Job, podrán parecer simpáticos, pero a menudo sus consejos estarán basados en su perspectiva personal o prejuicio y no en la verdad de Dios.

El consejo divino es una de las maneras que Dios tiene para hablarnos. Tiene la sabiduría de Dios. Al buscar consejo, asegúrese de que sea inspirado por Dios.

---

33. Vea Filipenses 4: 19
34. Ibid.

El buen consejo no es siempre lo mismo que el consejo inspirado en Dios. El evangelio es buenas nuevas, no buen consejo. Todos están deseosos de dar un buen consejo, pero cuando no está basado en la Palabra, solamente confunde el asunto, y nubla la mente.

Fuera de esas reuniones confidenciales, mantenga su conversación positiva. Nadie necesita saber lo negativo de su situación. Sea que esté pasando a través de un desorden emocional o sufriendo una angustia mental, nadie necesita saber los detalles. Nos engañamos a nosotros mismos, y el enemigo de nuestras almas toma ventaja, cuando pensamos que debemos estar contando todo a todos. Eso no es verdad.

Sus hijos tampoco necesitan saber de su ansiedad, tensión e ira. No comunique a sus hijos una actitud de pobreza ni de bancarrota. Mientras para usted no es otra cosa que una crisis, para ellos puede llegar a ser un hábito de vida al cual sobreponerse. El conocimiento trae responsabilidad. Sus hijos no necesitan ser responsables de conocer lo que está pasando. Si sus hijos son demasiado jóvenes para ayudar financieramente, también son demasiado jóvenes para tener el conocimiento de las cargas financieras.

El conocimiento trae responsabilidad.

Si son lo suficientemente adultos para asumir alguna responsabilidad, hábleles y póngase de acuerdo con ellos al punto de que sean capaces de actuar responsablemente. Cuando usted está de acuerdo, en fe con su esposa, pueden presentar a sus hijos un frente unido que les asegure su autoridad y la autoridad de Dios en el hogar.

Cuéntele a Dios acerca de su situación, no a los hombres.[35]

Un viejo amigo evangelista dijo una vez: "Si tuviera alguna confesión que hacer, se la haría a una liebre en el desierto y luego mataría a la liebre".[36] Él encontró que hacer eso era mejor que confesar sus sentimientos a alguien que podría cambiar ventajosamente su confesión, avergonzarlo o romper su confianza.

Sea honesto con Dios. No se avergüence de contarle la verdad de su corazón. Confíe en Él. Dele todo a Él.

Una vez que todo lo negativo está afuera, inmediatamente introduzca todo lo positivo. Lo positivo es de donde vendrá su fuerza y el favor de Dios. *"El Señor... se deleita en los que tienen integridad".*[37]

Usted está comprometido con lo que confiesa. Confiese lo positivo de las promesas de la Palabra de Dios, creyendo que ellas se materializarán en su propia vida, y se comprometerá con ellas.

Usted está comprometido con lo que confiesa.

Edifique su fe a través de la oración, la Palabra de Dios, consejo divino, libros, cintas de estudio, música de alabanza. Luego hable positivamente en cada encuentro. Puede ser que necesite tiempos de quietud o soledad para la oración y meditación, pero que su comunicación con otros sea "sí" y "amén".

En pocas palabras, comuníquele todo a Dios, pero a otros, solamente lo que edifique.

35. Vea Mateo 5: 3
36. Vea Proverbios 10:14; 10:19
37. Proverbios 11:20

Fe es creer que algo que usted no ve pasará. El temor es creer que algo que no ve pasará. La fe atrae lo positivo. El temor atrae lo negativo.

Entréguele a Dios lo negativo. No se lo quede. Encárguese de ello privadamente. Cuando quiera quejarse de alguien, una injusticia o trauma que aparentemente fue causado por una persona, llévelo con el Señor al desierto o a la cima de una montaña. No le lleve sus murmuraciones a otra persona, ni viva con ellas dentro de usted. Confiese los pecados, los suyos propios y aquellos que se han cometido contra usted, y pida ser limpiado de ellos. Admita lo que su conciencia le dice acerca de ellos; no los encubra.

Si necesita contarle a alguien cómo se siente, cuéntele a Dios. Él entiende y puede ministrar sanidad a su corazón y mente. Contarles a los demás cuán mal está su situación, solo empeorará las cosas.

Ha habido momentos en mi propia vida cuando vertí el dolor de mi corazón a Dios mientras caminaba en la playa, o cuando desocupaba mi closet de mis zapatos, y me metía dentro para clamar al Señor para que conociera mis sentimientos. Algunas veces simplemente usted tiene que estar a solas con Dios.

Base sus conversaciones en su confianza en Dios, no en la confianza de sus sentimientos.

Base sus conversaciones en su confianza en Dios, no en la confianza de sus sentimientos.

Dios nunca edifica en lo negativo, sino en lo positivo.

Dios habita en las alabanzas de su pueblo, dice la Biblia.[38] No dice que Dios habita en las quejas y críticas, sino que Él habita en sus alabanzas. En su comunicación con Él, derrame todo, y llegue al punto de la alabanza. Alábelo por obediencia, y sus emociones eventualmente se alinearán. Mientras le dé a Dios alabanzas en las que pueda habitar, Dios usará sus propias palabras para empezar a crear una vida nueva para usted.

10. Actúe basado en principios.

¡Haga algo!

Hágalo en fe.

Guíese por los principios de verdad, no por la reacción a los sentimientos del momento. Actúe basado en principios; no en las emociones.

> ## Actúe basado en principios; no en las emociones.

Dios comienza toda sanidad con su Palabra. La sanidad espiritual, matrimonial, financiera, social y física, todo comienza con la Palabra de Dios. La Palabra de Dios es la base para todo lo que Él hace en nuestras vidas. Por lo tanto, busque a Dios por su Palabra, que será la base de fe para creer en que Él traerá la solución a su necesidad específica.

La Palabra de Dios es suficiente y obrará en cada necesidad de su vida. Dios le dará una "palabra" o "palabras", pero es su responsabilidad actuar sobre ellas. Esto es un poco de lo que su Palabra

---

38. Vea Salmos 22:3

dice: *"...en los íntegros es hermosa la alabanza"*.[39] Para tener la presencia de Dios en su hogar, empiece a alabarlo.

"Dad gracias en todo..."[40] Sea agradecido por lo que tiene. Puede que no sea tan fácil, sobre todo si hay cosas que le han sido tomadas. Voltéese hacia las cosas buenas que le fueron dejadas y practique agradecer a Dios por ellas.

"La pureza es demostrada por la generosidad".[41]

Sea generoso con su tiempo, sus oraciones, con el evangelio, con su trabajo, su gracia, su misericordia, su compasión, su dinero, sus talentos. Mientras Dios limpia sus motivos y su mente es renovada, la evidencia está en su generosidad. Pase tiempo en oración. Luego haga la obra que está allí.

La Palabra de Dios es su guía para el éxito. No sea sacudido por cada capricho, personalidad, pensamiento fugaz o sentimiento que venga. Permanezca firme en la Palabra de Dios.

RECUERDE

+ La crisis es normal en la vida.

+ El perdón abre, la falta de perdón cierra.

+ Dios es su fuente.

+ Usted no puede compensar con sacrificio lo que pierde por desobediencia.

+ No nos decepcionamos en la vida por lo que encontramos, sino por lo que esperamos encontrar.

---

39. Salmos 33:1 RVR 95
40. 1 Tesalonicenses 5:18
41. Vea Lucas 11:41 NTV

- No tenga pánico. Manténgase productivo.

- Dios no pone límites a la fe. La fe no pone límites a Dios.

- La humildad precede a la bendición.

- Dios es su fuente de valor y riqueza.

- La fe atrae lo positivo. El temor atrae lo negativo.

CAPÍTULO 7

LA CRISIS DE LA MEDIANA EDAD

Quizás más difícil que dejar un trabajo, ciudad o relación, es la lucha interior que ocurre cuando dejamos una etapa de la vida por otra. Los lamentos tienden a empezar o alcanzarnos; la añoranza y la melancolía de haber hecho las cosas de diferente manera nos pueden abrumar.

En una historia Jesús dijo: " *Había un hombre rico que tenía un mayordomo, y éste fue acusado ante él como disipador de sus bienes. Entonces le llamó, y le dijo: ¿Qué es esto que oigo acerca de ti? Da cuenta de tu mayordomía, porque ya no podrás más ser mayordomo*".[1]

En la Biblia hay tipos y símbolos que señalan verdades espirituales. Las batallas de la nación de Israel son ejemplos físicos de verdades espirituales sobre guerra espiritual. Las historias de Jesús son particularmente ricas en simbolismos. El hombre rico ilustra a Dios, quien un día nos llamará a cada uno de nosotros, y preguntará qué hemos hecho con lo que Él nos ha dado.

Como el mayordomo, no somos dueños de nada. Solo somos mayordomos de lo que poseemos. Somos mayordomos de

1. Lucas 16

nuestros talentos, nuestro tiempo, nuestros trabajos, nuestras finanzas, nuestros matrimonios, nuestros hijos, nuestro ministerio, solo por nombrar algunos. Debemos dar cuenta de cada uno a Dios. Hay épocas en nuestra vida cuando Dios nos llama para pedirnos cuentas, aún antes del "gran Juicio" después de la muerte. Esos tiempos pueden ser de crisis para nosotros.

Solo somos mayordomos de lo que poseemos.

Cuando empezamos a analizar la mayordomía de nuestras vidas, lo que hemos hecho con nuestros talentos, aspiraciones, tiempo, afrontamos una realidad. Típicamente, nos analizaremos a nosotros mismos cuando nos sentimos envejecer. Esto puede llamarse "crisis de la mediana edad". La razón por la que la gente dice "la vida empieza a los cuarenta" es que en nuestros análisis, nos damos cuenta de que ya no somos "jóvenes", quizás tampoco "casados jóvenes", ya no más "padres jóvenes", y menos un aprendiz. Vemos objetivamente lo que hemos o no alcanzado, y hacemos un inventario inteligente de lo que esperamos hacer en la misma dirección. La cercanía a la "mediana edad" causa reflexión. El resultado de reflexionar hacia atrás puede ser poderoso o desastroso.

En ese momento, necesitamos recordar que solamente Dios tiene la perspectiva verdadera. Él sabe lo que realmente hemos cumplido, y lo que somos capaces de hacer el resto de nuestras vidas. Sin su perspectiva, tendemos a minimizar lo que podemos hacer. Si ponemos metas alcanzables sin la perspectiva de Dios, tendemos a no romper los hábitos necesarios para alcanzarlas, y terminamos derrotados y sintiéndonos aún peor. Dios puede hacer lo imposible en nuestras vidas si empleamos tiempo para obtener su perspectiva, caminar con Él, alcanzar su visión y empezar a realizar nuestros sueños.

Solamente Dios tiene la perspectiva verdadera.

El mayordomo del cual Jesús habló se dio cuenta de que estaba siendo reprendido severamente. Él sabía que su tiempo en la compañía estaba terminando. Desesperadamente necesitaba hacer algo para hacerse un camino una vez que terminara su trabajo.

"¿Qué debo hacer"?, dijo el mayordomo para sí. "Mi señor me deja sin trabajo. No tengo fuerzas para trabajar la tierra; me da vergüenza pedir limosna. Ya sé lo que voy a hacer, para tener quienes me reciban en sus casas cuando me quede sin trabajo".[2]

Jesús continuó con su historia: "Entonces llamó uno por uno a los que le debían algo a su amo. Al primero le preguntó: ¿Cuánto le debes a mi amo? Le contestó, le debo cien barriles de aceite. El mayordomo le dijo: Aquí está tu vale; siéntate en seguida y escribe que sólo debes cincuenta".[3]

El mayordomo continuó haciendo tratos con cada uno de los deudores del hombre rico para reducir sus cuentas. Jesús terminó su historia diciendo: "El amo reconoció que el mal mayordomo había sido sabio en su manera de hacer las cosas. Y es que cuando se trata de sus propios negocios, los que pertenecen al mundo son más listos que los que pertenecen a la luz. Y yo les

---

2. Vea Lucas 16:2
3. Lucas 16:3,4

digo que usen las riquezas de este mundo pecador para ganarse amigos; para que cuando las riquezas se acaben, haya quien los reciba a ustedes en las viviendas eternas. El que se porta honradamente en lo poco, también se porta honradamente en lo mucho; y el que no tiene honradez en lo poco, tampoco la tiene en lo mucho. De manera que, si con las riquezas de este mundo pecador, ustedes no se portan honradamente, ¿quién les confiará las verdaderas riquezas? Y si no se portan honradamente con lo ajeno, ¿quién les dará lo que les pertenece? Ningún sirviente puede servir a dos amos; porque odiará a uno y querrá al otro, o será fiel a uno y despreciará al otro. No se puede servir a Dios y a las riquezas".[4]

El hombre admitió haber sido un mal mayordomo. Él no había administrado el negocio como debía. Pero no era pobre en espíritu ni le faltaba astucia. Hay muchos principios del Reino de Dios que Jesús nos enseñó con esta corta historia, pero tres pertenecen a la crisis.

1. Las amistades son la mayor riqueza de la vida.

Primero, el mayordomo sabía que la mayor riqueza de la vida no está en el dinero, sino en las amistades. Él entendió también que "los fondos vienen de los amigos". Cuando nuestra crisis es una caída en el negocio, un bajón económico, recesión o algo peor, los clientes, compradores, proveedores o fabricantes que son amigos continúan haciendo negocios. Esos amigos se ayudan uno a otro en los tiempos difíciles.

El mayordomo no tenía miedo de usar dinero para hacer amigos. Se dio cuenta de que el dinero no era tan importante como los amigos. Si él usaba el dinero sabiamente, tendría más amigos.

---

4. Vea Lucas 16:5-13

"No dejes a tu amigo ni al amigo de tu padre, ni vayas a la casa de tu hermano en el día de tu aflicción: mejor es un vecino cerca que un hermano lejos".[5] Este proverbio bíblico ilustra que la distancia nunca se mide por millas; siempre por el afecto. De igual manera, las riquezas nunca se miden por dinero, siempre por amigos.

La distancia nunca se mide por millas, siempre por el afecto.

La pobreza más grande en la vida no está en las riquezas, sino en el espíritu. La riqueza más grande no está en el dinero, sino en las amistades.

2. Planifique de antemano: empiece con la eternidad, y trabaje su camino hacia atrás.

Segundo, el mayordomo mostró su sabiduría al prepararse para lo que venía. "El fracaso en la preparación es la preparación para el fracaso", dice el adagio. Él se dio cuenta de que estaba dejando una situación temporal, y entrando a una nueva situación. En la crisis, él guardó su ingenio para sí, para planear de antemano. Esto simboliza no solamente la necesidad de prepararse para el mañana, sino también la necesidad de prepararse para la vida eterna.

Muchas veces en los asuntos terrenales, nos preparamos para la universidad, el trabajo, el matrimonio. Pero a menudo, estamos mal preparados para la cosa más importante de todas: nuestra vida eterna. ¿Qué bien nos hace vivir una vida buena aquí en la tierra, si nunca nos preparamos para la eternidad? Sabemos que vamos a morir. "La única cosa de la que podemos estar seguros

---

5. Proverbios 27:10

es de la muerte y de los impuestos" es un viejo refrán. Saber eso y no prepararse para ello es estúpido. La decisión más importante que una persona jamás va a tomar en la tierra es decidir que Jesucristo será el Señor de su vida. La segunda más importante es escoger un cónyuge. Sin embargo, ¿cuántas personas pasan vidas enteras preocupándose por la segunda decisión más importante, y pasan por alto la primera?

3. No tema empezar de nuevo.

Tercero, el mayordomo sabía que nunca era tarde para volver a empezar. Él se enfrentó a una situación dura, pero se preparó para salir de una profesión, comenzar una nueva carrera, desarrollar nuevos amigos, y revisar los medios y la forma en la que había vivido.

Nada en la vida es permanente, ni siquiera el estado en que nos encontramos en la mediana edad. Todo es transitorio, cambiante. La única permanencia que tenemos es en el Espíritu de Dios y la Palabra de Dios. Los amigos continuarán cambiando, las ciudades cambiarán, los negocios cambiarán, y nosotros como individuos continuaremos cambiando.

> Nada de lo que ha llegado a usted en la vida vino para quedarse, sino para pasar.

Uno de los más grandes pasajes de la Biblia, repetido a menudo por varios escritores, es *"y aconteció"*. Es un estado de transición, quiere decir que algo ocurrió en un tiempo en particular. Este significado es doble verdad cuando nos damos cuenta de que las cosas vienen a "pasar" no a "quedarse". Nada de lo que ha llegado a usted en la vida vino para quedarse, sino para pasar.

Agradezco a Dios que muchas de las épocas de mi vida me enseñaron lecciones que me han traído al presente, pero ninguna de esas épocas se quedaron. Todas vinieron y "pasaron". Lo que las relaciones, trabajos y experiencias me enseñaron se ha quedado dentro de mi espíritu, pero las situaciones en sí quedaron atrás.

Nancy y yo entramos a nuestra "crisis de la mediana edad" cuando Dios nos llamó individualmente a rendir cuentas de todo lo que habíamos hecho. ¡Aunque habíamos estado en el ministerio por veinte años, Dios no había terminado con nosotros todavía! Después de la crisis de reflexión sobre nuestras vidas, nuestra mayordomía, matrimonio, familia, ministerio, todo fue rendido al Señor, y Él nos hizo entrar en algo aún mejor, más sustancioso, más beneficioso de lo que alguna vez pudimos soñar.

El ministerio en el cual estamos actualmente comprometidos no salió de este tiempo de crisis. En lugar de eso entramos al "desierto", donde Dios nos enseñó y nos probó por otros diez años. Al final de ese período, cuando la mayoría de gente está pensando en el retiro, Dios nos lanzó a un nuevo ministerio, época que es la más completa, satisfactoria y productiva de nuestras vidas.

Dios nunca empieza algo en lo negativo, y nunca terminará las cosas en lo negativo.

Dios nunca empieza algo en lo negativo, y nunca terminará las cosas en lo negativo. Cualquier cosa que esté "pasando" en su vida ahora, será reemplazada por algo más grande, más positivo, más de lo que pueda haber experimentado antes.

¡No importa si tiene quince o cincuenta mientras lee esto, someta todo su pasado a Dios, vaya a través de sus diez pasos para dejar el pasado atrás, y mire las grandes cosas que Él hará con su vida.

RECUERDE

+ No somos dueños de nada, sino los mayordomos de todo lo que poseemos.

+ La distancia no se mide por millas; siempre se mide por el afecto.

+ La pobreza más grande de la vida no está en las riquezas, sino en el espíritu. La riqueza más grande de la vida no está en el dinero, sino en las amistades.

+ Planifique de antemano: empiece con la eternidad y trabaje su camino hacia atrás.

+ Nada de lo que le haya acontecido en la vida vino para quedarse; todo vino para pasar.

+ Dios nunca empieza algo en un negativo, y Él nunca terminará algo en un negativo.

CAPÍTULO 8

EL CAMINO A LA VICTORIA

"Otra vez os digo, que si dos de vosotros se pusieren de acuerdo en la tierra acerca de cualquier cosa que pidieren, les será hecho por mi Padre que está en los cielos".[1]

Ponerse de acuerdo con Dios libera el poder en su vida. Ponerse de acuerdo en oración con otra persona libera fe en ambos corazones de que Dios va a contestar. Cuando usted está de acuerdo con otra persona, y ora de acuerdo con la Palabra de Dios y su voluntad, hay un movimiento en el ámbito espiritual que no puede ser negado.

> El lugar de acuerdo es el lugar de poder. El lugar de desacuerdo es el lugar de impotencia.

El lugar de acuerdo es el lugar de poder. El lugar de desacuerdo es el lugar de impotencia.

1. Mateo 18:19

Cuando los primeros habitantes de la tierra construyeron una torre en la llanura de Sinar, Dios confundió su lenguaje para detenerlos de cumplir su propósito. Aún cuando ellos eran impíos, al actuar en el principio de Dios del acuerdo, pudieron llevar a cabo bastante. Cuando sus lenguas fueron confundidas y ya no pudieron ponerse de acuerdo, sus planes acabaron en nada.[2]

En tiempos de transición y crisis, cuando el esposo y la esposa están en desacuerdo sobre qué hacer, la contienda siempre complica y confunde los asuntos.

Cuando hay una contienda en casa, los hijos reaccionan negativamente porque están susceptibles al espíritu de sus padres. Sus actitudes negativas hacen la situación aún peor. Una vez que la familia está en desacuerdo y la paz se rompe en el hogar, Dios provee el remedio a través de Él mismo y su Palabra. Si la familia está de acuerdo con Dios y su Palabra sobre su situación, puede haber un descubrimiento poderoso en las vidas de los involucrados.

"Afirma mi corazón",[3] escribió el salmista; él sabía que *"si una casa está dividida contra sí misma, tal casa no puede permanecer"*.[4] Él quería que su corazón fuera fiel a los propósitos de Dios. Nuestros corazones también deben estar unidos para situarnos en acuerdo con nosotros mismos. Esto quiere decir estar decididos y firmes en nuestro compromiso con esa decisión.

Todos hemos experimentado la indecisión. Cuando usted está indeciso, es fácil influenciarlo. Cuando toma una decisión, como que la crisis no durará, que Satanás no robará su gozo, que no le robarán a su familia las bendiciones de Dios, y se levanta

---

2. Vea Génesis 11:1-9
3. Salmos 86:11
4. Marcos 3:25

comprometido con esa decisión, ¡no hay fuerza en el infierno que pueda prevalecer contra usted![5]

Cuando el esposo y la esposa están en acuerdo, los hijos están sujetos a su autoridad. El resultado del acuerdo de los padres es autoridad en el hogar, así como paz en sus corazones y su hogar. Hay poder en el acuerdo.[6]

La gente soltera en crisis necesita buscar un compañero de oración o grupo que pueda proveer un lugar de acuerdo en oración. Dos son más fuertes en acuerdo que mil en desacuerdo, y un cordón de tres dobleces no es fácil de romper.[7]

Mientras usted esté de acuerdo consigo mismo, con Dios, con otros, y persevere, usted prevalecerá.

> Mientras usted esté de acuerdo consigo mismo, con Dios, con otros, y persevere, usted prevalecerá.

PERMANECER EN CRISTO

Cuando usted ha entrado a un nuevo lugar o tiene una nueva relación, empieza un tiempo de permanencia. Dios le dijo a Noé que entrara en el arca, y que saliera del arca. Pero entre los dos, la Biblia dice que Noé y su familia "permanecieron" en el arca.[8]

---

5. Vea 1 Juan 2:13,14
6. Vea Mateo 18:18,19
7. Vea Eclesiastés 4:12; vea también Deuteronomio 32:30
8. Vea Génesis 7:23; 8:12

Después de salir, entrar es casi instantáneo. Pero después de entrar, hay un período de permanecer, quedarse, habitar, antes de salir.

Jesús habló acerca de permanecer, que trae la misma presencia de Dios a nuestras vidas. A través de la oración en su nombre, de acuerdo con su Espíritu, los creyentes pueden pedir correctamente y ver sus oraciones contestadas.

Es el permanecer entre las crisis lo que nos da la fuerza para soportar cada crisis. Permanecer en Dios es más importante que experimentar una sola victoria durante el tiempo de crisis.

> Es el permanecer entre las crisis lo que nos da la fuerza para soportar cada crisis.

Jesús entendió el conocimiento de permanencia de Dios cuando Él dijo: *"Si permanecen en mí y mis palabras permanecen en ustedes, pidan lo que quieran y se les concederá"*.[9]

Jesús nunca dijo: "Si tú me experimentas".

Experimentar una victoria durante una crisis es buenísimo, pero permanecer en Cristo continuamente es mejor. Muchas personas no pueden aceptar esto, y permanecen como "bebés" espirituales, necesitando la "leche" de la Palabra, pero no comen la "carne".[10] Continuamente están pecando, corriendo al altar de la iglesia para orar y arrepentirse, y luego se van y pecan otra vez. Mucho mejor es aprender a permanecer en Cristo, dejar que el Espíritu de Dios nos guíe cada día, lejos del mal y dentro de su perfecta voluntad para nuestras vidas, nuestra "Tierra Prometida" de vida abundante.

9. Juan 15:7 NVI
10. Vea 1 Corintios 3: 1, 2

Si aprendemos a permanecer en Cristo, aprendemos a vivir de "gloria en gloria" en vez de hacerlo de "crisis en crisis". Esa es la vida semejante a Cristo.

Necesitamos sabiduría para vivir esa vida. La Palabra de Dios dice: *"Y si alguno de vosotros tiene falta de sabiduría, pídala a Dios, el cual da a todos abundantemente y sin reproche, y le será dada".*[11]

También dice: *"Haz tuyas mis palabras, hijo mío; guarda en tu mente mis mandamientos. Presta oído a la sabiduría; entrega tu mente a la inteligencia. Pide con todas tus fuerzas inteligencia y buen juicio; entrégate por completo a buscarlos, cual si buscaras plata o un tesoro escondido. Entonces sabrás lo que es honrar al Señor. ¡Descubrirás lo que es conocer a Dios! Pues el señor es quien da la sabiduría; la ciencia y el conocimiento brotan de sus labios. El Señor da su ayuda y protección a los que viven rectamente y sin tacha; cuida de los que se conducen con justicia, y protege a los que le son fieles. Sabrás también lo que es recto y justo, y estarás atento a todo lo bueno".*[12]

Busque el conocimiento y la sabiduría de Dios como si estuviera buscando un tesoro escondido que está seguro de que está ahí. Daremos un poco de sabiduría para "permanecer en Cristo" en los próximos capítulos.

EL SOL SIEMPRE BRILLA

Por ahora, recuerde que a pesar de cuán oscuras parezcan estar las cosas para nosotros aquí en la tierra, encima de las nubes el sol brilla siempre. Sabemos que no importa cuán oscuras sean las nubes, cuán altas sean las olas, o cuán fuertes sean los vientos,

---

11. 1 Corintios 3:1,2
12. Proverbios 2: 1-9 DHH

sobre ellos siempre brilla el sol. Aunque no veamos el sol con nuestros ojos naturales, sabemos sin duda alguna que el sol está ahí.

La misma verdad sucede en el reino del espíritu. El clima afecta a la gente, pero no afecta al sol. Así tampoco las circunstancias afectan a la Palabra de Dios. No alabamos a Dios por las circunstancias físicas adversas de la vida, pero sí le agradecemos y alabamos cuando estamos dentro de ellas, sabiendo que por encima de todo, Dios está ahí, obrando para nuestro bien. Dios siempre está obrando para nuestro bien. Dios siempre obra para nuestro bien.[13]

La fe siempre se aferra a la verdad y la verdad siempre trae libertad.

La fe siempre se aferra a la verdad y la verdad siempre trae libertad.[14]

Conozca esto bien:

- Dios está a su favor.
- Dios está con usted.
- Dios está en usted.

De estas tres, el conocimiento más grande al que se puede aferrar es que Dios está en usted, produciendo el querer como el hacer por su buena voluntad.[15]

---

13. Vea Romanos 8:28
14. Vea Juan 8: 32
15. Vea Filipenses 2:13

Su promesa es que Él no nos negará lo bueno a quienes caminamos en rectitud ante Él.[16]

Cuanto más oscura la noche, más brillante la luz.

Sin importar cuán espesas parezcan las nubes o cuán violenta la tormenta, el sol siempre está brillando sobre todo. El amor de Dios siempre está brillando para usted. ¡Sométase a Él y a su voluntad para su vida, y mire dónde Él le llevará a continuación!

Pongámonos de acuerdo en oración ahora mismo. Diga esta oración conmigo en voz audible:

"Padre, en el nombre de Jesús, mi Señor, confieso que en este momento estás obrando para mi bien. Ahora mismo, quiero recibir estas verdades en mi mente y corazón, para caminar en ellas, para confiar que tú me traerás al lugar que dará gloria a tu nombre. Tú me estás sacando para introducirme en algo. Me someto a tu cuidado.

"Tú eres un Dios creativo. Confío en ti para crear en mí un corazón limpio y un mejor lugar para que yo viva. Perdono a otros, y me libero en tus manos. Gracias por lo que estás haciendo en mi vida. Te doy toda la gloria y el honor en el nombre de Jesús. Amén".

Ahora, confiese lo que Dios ha hecho por usted.

RECUERDE

♦ El lugar del acuerdo es el lugar de poder. El lugar del desacuerdo es el lugar de impotencia.

16. Vea Salmos 84:11

+ Después de entrar y antes de salir, hay un período de permanencia. "Permanecer en Cristo" entre los tiempos de crisis nos da fuerza para soportarlas.

+ No importa cuán severa sea la tormenta, el sol siempre brilla.

+ La fe siempre se aferra a la verdad, y la verdad siempre trae libertad.

+ Dios está a su favor. Dios está con usted. Dios está en usted.

PARTE III

MANTENER UNA VIDA VICTORIOSA

CAPÍTULO 9

CÓMO PASAR DEL FRACASO AL ÉXITO

El cumplimiento de los deseos de Dios para nosotros, o el bien manifestado en nuestras vidas, en los círculos cristianos se llama una "victoria". Las personas siempre oran por "victoria", que es una palabra abarcadora que significa respuesta a una crisis, sea financiera, emocional, matrimonial o algún otro asunto importante. Luchar por cualquier "victoria" es poderoso, glorifica a Dios y es valioso. Una vez que obtenemos la victoria, necesitamos conocer los principios bíblicos para mantener una vida cristiana victoriosa, y permanecer en Cristo continuamente.

Es más fácil obtener que mantener.

El primer principio es: Es más fácil obtener que mantener. Es más fácil ganar territorio en una guerra que gobernar el territorio una vez que se ha ganado la guerra. Es más fácil ganar a una persona para el matrimonio, que mantener el matrimonio saludable y próspero después de la boda. Es más fácil comprar un vehículo que mantenerlo en buen estado una vez comprado. En cada área de la vida, es más fácil obtener que mantener.

Algunos eruditos de la Biblia creen que la tierra, como la conocemos, terminará cuando la influencia del pecado del hombre provoque una reacción atómica que cause que los elementos y la atmósfera se incendien. En el intenso calor, la tierra comenzará a derretirse, y los minerales fluirán de las montañas en ríos de oro. Los mares se evaporarán y la arena se volverá vidrio. Como resultado, la tierra entera será pura, cristalina, exquisitamente bella con calles de oro y mares de cristal.

Ya sea que la teoría pruebe ser correcta o no, el principio detrás es bíblico: el patrón de Dios para el éxito es un patrón de purificación. Dios nunca comienza o termina en negativo. El patrón de Dios para la creación es comenzar en positivo y terminar en positivo. Su patrón para la tierra es empezar en lo positivo con el Edén, y terminar en lo positivo con la Nueva Jerusalén. Para terminar la tierra en lo positivo, con toda la corrupción y contaminación aquí, la tierra tendrá que soportar el proceso de la purificación.

> El patrón de Dios para el éxito es
> un patrón de purificación.

El plan de Dios para nosotros comienza con lo positivo y terminará con lo positivo. Alcanzaremos nuestro final positivo a través de la purificación. El patrón de Dios para nuestras vidas es un patrón de crecimiento. Bajo su cuidado, crecemos, nos expandimos, y aceptamos más responsabilidad para alcanzar madurez.

Para crecer en Dios, tenemos que pasar sus pruebas y crecimiento, a través de la crisis. La crisis no necesariamente nos hace fuertes; muestra cuán fuertes somos. Si somos lo suficientemente fuertes para pasar, nos damos cuenta de nuestra fortaleza, y llegamos a ser aún más fuertes en fe, valor, convicción y una variedad de atributos espirituales.

> La crisis no necesariamente nos hace
> fuertes; muestra cuán fuertes somos.

Podemos pasar o fallar cada prueba. Si fallamos, llevamos ese fracaso con nosotros. El proceso de purificación nos purifica del fracaso.

Para purificarnos, Dios nos presenta la misma prueba, y terminamos experimentando la misma crisis o una similar nuevamente. Pero antes de que Dios nos ponga a prueba otra vez, Él provocará que crezcamos. Él quiere traernos, listos esta vez, para que pasemos la prueba, para reemplazar nuestro fracaso por éxito y continuar adelante.

ACEPTAR RESPONSABILIDAD

Debemos estar dispuestos a aceptar la responsabilidad por el fracaso, antes de que seamos capaces de aceptar responsabilidad por el éxito. Para aceptar responsabilidad por el fracaso, nos abrimos a ser probados una segunda vez y pasar la prueba que nos purificará del fracaso anterior. Aceptar la responsabilidad por el fracaso nos capacita para aceptar la responsabilidad por el éxito.

A menudo, los hombres no quieren ser puestos a prueba de nuevo. Pero solo haciéndolo otra vez podemos ser purificados de un fracaso previo.

Muchas buenas personas de la iglesia rechazan dejar sus asientos para empezar un ministerio de transporte, ir a las calles a testificar, ministrar en un hogar de ancianos o enseñar en la escuela dominical. Ellos no quieren la responsabilidad de que sus actividades fracasen. Es lo mismo con aquellos que no perseveran en una educación, un trabajo, el rol de padre, y cualquier otro verdadero logro en la vida.

CONDICIONADO PARA EL ÉXITO

El miedo al fracaso está basado en el miedo a la muerte. Los humanos están condicionados para fracasar. La tierra tiembla; el césped se muere; se caen las estrellas; los negocios colapsan; el cuerpo decae. La muerte es una constante amenaza, como lo es el fracaso. Para vencer el fracaso, tenemos que ser convertidos a lo positivo, y con las mentes renovadas para pensar positivamente.

> Para vencer el fracaso, tenemos que ser convertidos a lo positivo, y con las mentes renovadas para pensar positivamente.

Cuando nacimos, nacimos en una sociedad egoísta, y llegamos a ser como la gente negativa que nos rodea. Para la mayoría de nosotros, una de nuestras primeras palabras fue "no". Entonces aprendimos "mío". Un patrón enfocado en uno mismo siguió al otro. La Biblia nos dice que somos convertidos de ese pecado (negativo) a lo justo (positivo), cuando somos convertidos en nuestros espíritus a través de la fe en Jesucristo.

"También está escrito, el primer hombre Adán, se convirtió en un alma viviente. El último Adán (Jesús) se convirtió en un espíritu dador de vida. Sin embargo, lo espiritual no es primero, sino lo natural; luego lo espiritual. El primer hombre viene de la tierra, es terrenal; el segundo hombre es del cielo. Como es el terrenal, así son los terrenales; y como es el celestial, así son los celestiales. Y así como hemos nacido a la imagen del terrenal, también debemos nacer a la imagen del celestial".[1]

Cuando somos nacidos de Adán, el humano, somos nacidos terrenalmente. Pero cuando somos nacidos del Espíritu de Dios, dador de vida, el divino, nacemos espiritualmente. Lo que es espiritual se vuelve predominante en nuestras vidas, en vez de lo que es terrenal.

Debemos ser transformados para estar en lo positivo cuando somos motivados por fe, por creer y por el éxito. Esto se logra por la *"renovación de la mente"*, a través del lavamiento con la Palabra de Dios.[2]

Dios le enseñó a Josué acerca del éxito. Sus declaraciones condicionaron a Josué y a los israelitas lejos del fracaso de la esclavitud de Egipto y hacia los éxitos de las victorias planeadas de Dios.

"Lo único que te pido es que tengas mucho valor y firmeza, y que cumplas toda la ley que mi siervo Moisés te dio. Cúmplela al pie de la letra para que te vaya bien en todo lo que hagas. Repite siempre lo que dice el libro de la ley de Dios, y medita en él de día y de noche,

---

1. 1 Corintios 15: 45-49 NASB
2. Tito 3:5

para que hagas siempre lo que éste ordene. Así todo lo que hagas te saldrá bien".[3]

Otra vez, en Salmos Dios nos condiciona a todos nosotros para el éxito en la vida:

"Bienaventurado el varón que no anduvo en consejo de malos... sino que en la ley de Jehová está su delicia, y en su ley medita de día y de noche. Será como árbol plantado junto a corrientes de agua, que da su fruto su tiempo y su hoja no cae, y todo lo que hace prosperará".[4]

La prosperidad es el resultado natural y en secuencia ordenada de la justicia en la vida.

> ## La prosperidad es el resultado natural y en secuencia ordenada de la justicia en la vida.

El proceso de conversión de Dios en nuestras vidas tiene lugar en la cruz de Jesucristo, quien es la Palabra de Dios hecha carne. La cruz nos da nuestras victorias. La muerte de Jesús fue el triunfo más grande para la humanidad. Originalmente fuimos creados como los hijos de Adán en nuestra carne. Pero en la cruz, fuimos recreados por conversión sobrenatural en la familia de Dios, como sus hijos.

Como nuevas creaciones, tenemos acceso a todos los recursos del cielo disponibles para la totalidad de nuestras vidas. Somos animados por Dios para usar día y noche los recursos del cielo para cualquiera que sea nuestra necesidad. Todos los recursos del cielo están invertidos en el Calvario, para que si los necesitamos en cualquier momento, los obtengamos a través de la cruz.

---

3. Josué 1: 7,8 NASB
4. Salmo 1: 1-3

Algunas personas sienten que pedirle a Dios algo en oración es una imposición a Él. Actúan como si pedir por su gracia, fuerza, conocimiento, sabiduría, habilidad, lo alejara o limitara la provisión. Nada puede estar más lejos de la verdad.

En nuestros cuerpos naturales, estamos sujetos a las dimensiones de tiempo y espacio. Estamos comprimidos, compactados, aplastados por esas dimensiones. Nunca tenemos suficiente tiempo. Nunca tenemos suficiente espacio. Vivimos en un mundo de frustración, incapacidad y carencia. Pero Jesús no está sujeto a tiempo ni espacio. Como Dios en la carne, Él tomó nuestras limitaciones y cuando murió y se levantó de la tumba, nos dio lo ilimitado de su vida resucitada.

Dios es un Dios de abundancia.

Jesús no está sujeto a tiempo o espacio hoy día. Podemos confiar en su tiempo y su habilidad ilimitada para hacer lo que sea necesario en cualquier momento para garantizar el éxito. ¿Nos merecemos esto? ¡No! Merecemos la muerte, pero gracias a Dios, ¡Cristo murió por nosotros! No dependemos de nuestros méritos, sino dependemos del mérito del Señor para lograr el éxito.

> No dependemos de nuestros méritos, sino dependemos del mérito del Señor para lograr el éxito.

Dios nos ama incondicionalmente. Puesto que la única cosa que merecemos fuera de Cristo es la muerte, es solamente por méritos de Jesús que tenemos acceso a los recursos del cielo. Entonces si nos sentimos bien o mal, no importa. Oramos porque Dios nos dice que lo hagamos, y porque Él promete que sus recursos estarán ahí para nosotros cuando los necesitemos.

El patrón de Dios para el éxito en nuestras vidas no está basado en nuestra habilidad porque estamos limitados en nuestra perspectiva, inteligencia, tiempo, espacio y humanidad. El patrón de éxito de Dios está basado en la eternidad de Jesucristo. Cuando estamos en Cristo, no hay límites.

El patrón de éxito de Dios está basado en la eternidad de Jesucristo. Cuando estamos en Cristo, no hay límites.

El patrón de Dios para el éxito de un cristiano es el mismo para cada uno de nosotros, pero el patrón individual puede ser infinitamente diferente. Moisés fue solo al monte a orar, y recibió el patrón de Dios para la nación de Israel. Cuando Israel siguió el patrón de Dios, la nación tuvo éxito. Pero cuando ellos escucharon a otros que los guiaban lejos del patrón de Dios, pasaron de victoriosos a vencidos. Dios tiene patrones para cada uno de nosotros. Dos patrones no son necesariamente iguales.

Una de las obras de la carne listada en la Biblia es "emulación" (Gálatas 5:19-21). *Emulación* puede ser definido como celo al punto de copiar. *Emulación* es tomar el patrón de otro, y tratar de hacerlo como suyo propio. Cuando usted mira los éxitos de hombres probados por Dios, ve que cada uno de ellos tiene su propio patrón. Sea Abraham o el apóstol Pablo, D.L. Moody o Charles Finney, estos hombres recibieron sus patrones de Dios y no varían. Ellos siguieron el patrón dado por Dios, y alcanzaron un éxito monumental.

Nuestro problema es que tomamos el patrón que alguien sigue y lo imprimimos en nosotros, tratando de que funcione para nosotros como funcionó para otros. Queremos copiarlos. Queremos emularlos. Pero cuando no tenemos el éxito de la forma que ellos lo tuvieron, nos preguntamos por qué. Hay similitudes que tendremos con otros, pero aún nuestros patrones serán únicos.

Usted puede encontrar los patrones básicos de Dios mientras escucha a una profesora en una multitud. Pero encontrará el patrón *individual* de Dios para su vida cuando esté a solas con Él.

El patrón de éxito de Dios para usted está donde lo encuentra a Él, cara a cara, y le revela su voluntad y patrón a usted personalmente. No importa lo que haya estado pasándole en el pasado, la última meta para su vida no es la crisis, problemas o desastres. La última meta para su vida es éxito, santidad, justicia y semejanza a la imagen de Jesucristo.

> El patrón de éxito de Dios para usted está donde lo encuentra a Él, cara a cara, y le revela su voluntad y patrón a usted personalmente.

RECUERDE

+ Es más fácil obtener que mantener.

+ Para llevarnos al éxito, Dios nos tiene que purificar del fracaso.

- El plan de Dios para nosotros empieza con lo positivo, y terminará con lo positivo.

- El aceptar la responsabilidad por el éxito se basa en aceptar la responsabilidad por el fracaso.

- Para vencer el fracaso, tenemos que ser convertidos a lo positivo.

- La prosperidad es el resultado natural, la secuencia ordenada de la justicia en la vida.

- El patrón de éxito de Dios está basado en la eternidad de Jesucristo.

- La crisis no es fracaso. Es solamente un proceso.

CAPÍTULO 10

EL PODER DE SU CONFESIÓN DE FE

"Si alguno me reconoce públicamente como su amigo, abiertamente lo reconoceré como amigo mío delante de mi Padre que está en el cielo. Pero si alguno públicamente me niega, abiertamente le negaré delante de mi Padre en el cielo".[1]

El principio que Jesús estaba enseñando con estas palabras trae una actitud espiritual positiva. Esto es necesario para mantener una vida positiva, semejante a Cristo. En la Biblia en inglés King James, la palabra de Jesús para *reconocer* fue traducida como *"confesar"*. La confesión de Jesús es la roca sobre la cual nos situamos como cristianos. Cuando Pedro confesó que Jesús era el Señor, Jesús le dijo: *"...no te lo reveló carne ni sangre, sino mi Padre que está en los cielos... y sobre esta roca edificaré mi iglesia..."*.[2]

El apóstol Pablo aclaró este pasaje: *"Si confesares con tu boca que Cristo es el Señor, y creyeras en tu corazón que Dios le levantó de entre los muertos, serás salvo. Porque con el corazón se cree para justicia, pero con la boca se confiesa para salvación"*.[3]

---

1. Mateo 10:32,33 TLB
2. Mateo 16:17,18
3. Romanos 10:9,10

La confesión de Cristo como Señor es la base para la salvación. Esta es la roca, el fundamento, sobre el cual construimos nuestras vidas espirituales. Como Jesús prometió, Él ha edificado su iglesia sobre la roca de aquellos que confiesan que Él es el Señor.

Confesar a Jesús es positivo. La confesión es una alabanza, la confesión de gratitud, la confesión de perdón, la confesión de misericordia, la confesión de la providencia; todas estas confesiones son reconocimiento de la presencia de Dios en nuestras vidas.

Confesar a Jesús es una acción positiva de fe en Dios y en Jesucristo. Es la base de nuestro caminar cristiano. Confesar a Cristo no es lo mismo que ganar almas o testificar, pero es usado para ambos. Ganar almas es la presentación deliberada de un patrón revelado de la verdad. Es presentar las Escrituras para que guíen a las personas al conocimiento de Jesús, para que lo puedan recibir como su Salvador. Testificar es dar testimonio de lo que Cristo ha hecho en su vida. Un testimonio no guía a una persona para que reciba a Cristo como su Salvador, sin embargo puede ser una herramienta para interesarlo. Solamente la Palabra lo salvará. Pero ambas son maneras en las cuales confesamos a Cristo a otros.

> Cuando confesamos lo positivo, cargamos la atmósfera con el poder de Dios.

Cuando confesamos lo positivo, cargamos la atmósfera con el poder de Dios, y traemos una nueva actitud a nosotros y a aquellos alrededor nuestro. ¿Quién quiere estar alrededor de personas que se quejan todo el tiempo? Sus palabras tienen poder creador, y ese poder llena la atmósfera con lo negativo. Confesar a Cristo llena la atmósfera con lo positivo. Podemos cambiar el espíritu y la atmósfera de nuestro hogar y trabajo solo confesando a Cristo.

En oración, nuestra confesión positiva de Cristo edifica nuestra fe. Si lo único que hacemos es confesar nuestras debilidades, podemos dejar nuestro lugar de oración lleno de tristeza o autocompasión. Pero cuando dejamos de confesar lo negativo, entonces confesamos la realidad de quién es Jesús en cada situación por la que hemos orado. Salimos sabiendo que el poder de Dios ha acompañado nuestra confesión, y que su Espíritu está obrando en las vidas y situaciones por las cuales oramos.

Piense en cómo esto opera en la familia. Muchos padres solo miran lo incorrecto en sus hijos. En oración, le podemos pedir a Dios que perdone a nuestros hijos. Entonces nos movemos más allá de los pecados hacia el reino de lo sobrenatural, cuando empezamos a confesar el perdón de Cristo para ellos, su cuidado para ellos, la provisión del Padre para su salvación y sus planes para sus vidas. Nuestros egos como padres pueden ser heridos cuando nuestros hijos se comportan mal en la escuela o no quieren estar en actividades de la iglesia, pero tenemos que sujetar nuestro ego al Espíritu Santo para orar efectivamente por ellos. Así es como admitimos el problema, pero oramos con una fe positiva que imparte vida.

El fluir del Espíritu Santo es un fluir positivo, lleno de la bondad de Dios, su amor, gracia, misericordia y perdón. Cuando oramos de acuerdo a su Espíritu y cuando confesamos su bondad durante una conversación, liberamos su poder en nuestras vidas, las vidas de otros y en las circunstancias en las que nos encontramos.

IDENTIFÍQUESE CON CRISTO

Confesar a Jesús es necesario para identificarse con Él. La única manera de que algunos de nosotros seamos aceptables para Dios es a través de la identificación con Jesús. Es su justicia, no la nuestra, la que nos trae a la presencia de Dios. Muchas personas se preocupan por involucrarse en la iglesia, caridad o comunidad mientras minimizan su identificación con Cristo. El involucrarse puede ser "iglesismo", en vez de cristianismo.

Confesar a Jesús es necesario
para identificarse con Él.

En el momento en que confesamos a Cristo, nos estamos identificando con Él, y Él nos confiesa ante el Padre. Dios Padre está complacido con nuestra identificación por fe y nos confiesa delante de los hombres de muchas maneras.[4]

Algunos vinieron a Jesús y Él dijo: *"El que haga la voluntad de Dios conocerá si mi doctrina viene de Él o si hablo por mi propia cuenta"*.[5]

Si hacemos lo que Cristo dice y le confesamos en obediencia a su Palabra, sabremos que Él es Dios porque veremos los resultados.

¿Alguna vez ha hablado con alguien sobre el Señor y repentinamente se dio cuenta de que estaba diciendo cosas que usted no sabía que conocía? ¿Estaba expresando la verdad más claramente de lo que jamás la había entendido? Así es cuando el Padre le estaba reconociendo ante los hombres. Mientras usted se

4. Vea Mateo 10: 32, 33
5. Juan 7:17 AMP

identificaba con Cristo, Dios Padre se identificaba con usted; Él le dio *"la mente de Cristo"* y las palabras que debía decir.[6]

Podemos sentir que lo estamos haciendo muy bien cuando nos identificamos con Cristo. Pero lo realmente grande es que Dios está dispuesto a identificarse con su pueblo.[7] Es mucho más grandioso que Dios esté dispuesto a identificarse con nosotros que nosotros estemos dispuestos a identificarnos con Él.

La confesión de fe en Jesucristo establece la obra de Dios en nuestras vidas. Nuestra relación con Cristo y su obra en nosotros se afirman cuando nosotros lo confesamos. El confirmar la Palabra de Dios libera su poder.

Jesús una vez sanó a diez leprosos, y ellos se fueron sabiendo que sus cuerpos estaban completamente sanados. Mientras se iban, uno regresó y dijo "gracias" a Jesús. Jesús contestó: *"Leván-tate, vete; tu fe te ha sanado"*.[8] Al agradecer a Jesús, este hombre confirmó la obra de Dios al confesar que Jesús era Aquel que le había sanado. Yo creo que la "sanidad" que él recibió fue mucha más que la sanidad física de los otros nueve.

Confesar a Cristo es esencial para comprometerse con Cristo.

Confesar a Cristo es esencial para comprometerse con Cristo. La Biblia dice que como el hombre cree en su corazón, así es.[9] Somos lo que creemos y estamos comprometidos con lo que

6. 1 Corintios 2:16; Lucas 12:12
7. Hebreos 11:1
8. Lucas 17:19
9. Vea Proverbios 23:7

confesamos. Cuando confesamos lo que creemos estamos comprometidos con lo que creemos. Si no lo confesamos, no admitimos que creemos en eso. Si no admitimos creerlo, podemos cambiar nuestras creencias.

Jesús fue malentendido y burlado debido a su identificación con Dios. Fue condenado por afirmar ser quien Él realmente era. Frecuentemente podemos ser malentendidos, criticados y condenados por confesar que somos hijos del Dios viviente, que somos coherederos con Jesucristo, que somos hermanos y hermanas de Jesús y parte de la familia de Dios. Tales acusaciones provienen de Satanás, *"el acusador de nuestros hermanos"*,[10] para que no confesemos quiénes somos realmente en Cristo.

Como nuestro hermano mayor, Jesús, ofrece protección, seguridad y un alto nivel de vida que ningún hermano en la tierra puede proveer, Satanás quiere confundir esa relación y dejarnos sin protección, inseguros y con una baja autoestima. Al hacer esto, él pervierte el evangelio. Él puede impedir que las Buenas Nuevas se difundan, si puede hacernos retener nuestra confesión y el testimonio de nuestras vidas.

La confesión es esencial para la identificación. La confesión es esencial para el compromiso. La confesión es esencial para la relación.

La confesión es esencial para la identificación. La confesión es esencial para el compromiso. La confesión es esencial para la relación.

10. Apocalipsis 12:10

Cuando nos identificamos con Jesús al confesarlo, nos alineamos con la Verdad. Jesús dijo: *"Yo soy el camino, la verdad y la vida"*.[11] El Camino y la Vida dependen de la Verdad. La Verdad es el centro.

Jesús solo habló la verdad. Cuando Él se identificó con Dios Padre, habló la verdad. Cuando Él confesó que era el Hijo de Dios, habló la verdad. Él no dijo: "Creo que algún día me voy a convertir en el Hijo de Dios". Tampoco dijo, "Yo soy Dios Padre". Él ni lo minimizó ni exageró, cuando dijo simplemente: *"Soy Hijo de Dios"*.[12] Era la verdad hablada desde un sentido bien definido de identidad que estaba enraizado en la verdad. Jesús estaba seguro en la verdad. Todos los demonios del infierno no pudieron sacudirlo. Todos los teólogos del mundo no pudieron hacerlo vacilar.

Es equivocado ir más allá de la verdad o hablar menos que la verdad. Está mal decir que somos más de lo que realmente somos. Pero también está mal decir que somos menos de lo que realmente somos: hijos del Dios viviente y coherederos con Cristo. Cuando reclamamos ser menos de lo que somos, disminuimos el poder de Dios en nuestras vidas.

> Cuando reclamamos ser menos de lo que somos, disminuimos el poder de Dios en nuestras vidas.

Somos nuevas criaturas, renacidos en el real sacerdocio de Jesús. Si usted lo cree, confiéselo. La razón por la que muchas personas son débiles en su fe es porque son débiles en su confesión e identificación con Cristo.

---

11. Juan 14:6
12. Mateo 27:43

Jeff era un creyente que conocí, quien siempre luchaba en su caminar cristiano. Él venía a mí constantemente para consejería por los mismos grandes pecados, y nunca veía la victoria en ningún área de su vida. Él parecía incapaz de levantarse hasta cierto nivel en su fe sin antes experimentar una gran desilusión, poniéndose moroso y deprimido, y volviendo para reafirmarse y animarse. Un día Jeff estaba sentado almorzando con un grupo de amigos del trabajo, y comenzaron a hablar de religión. Jeff confesó que creía en Jesucristo y se identificó a sí mismo con el Señor. Cuando regresó a trabajar esa tarde, se sentía mejor que lo normal. Durante la semana, separó un tiempo para decirles a varias personas que era cristiano, y cada vez se sentía mejor. Estaba logrando ser feliz.

Los meses pasaron, y lo veía de vez en cuando. Cuando finalmente nos reunimos de nuevo, no fue para consejería, sino para contarme todos los cambios en su vida. A medida que Jeff aprendió a confesar a Cristo, pasó esa barrera que siempre había sentido, venció sus pecados repetitivos y se convirtió en un cristiano victorioso.

PRACTIQUE SU FE

Un pasaje de la Biblia Viviente dice: *"No pierdas tu tiempo argumentando sobre ideas tontas, sobre mitos y leyendas. Invierte tu tiempo en energía, en el ejercicio de mantenerte espiritualmente en forma. Los ejercicios físicos son buenos, pero el ejercicio espiritual es más importante y es un tónico para todo lo que haces. Así que, ejercítate a ti mismo espiritualmente y practica ser un mejor cristiano. Porque eso te ayudará no solamente en esta vida sino también en la siguiente. Ésta es la verdad y todos deberían aceptarla"*.[13]

---

13. 1 Timoteo 4: 7-10 TLB

¿Qué significa practicar nuestra fe? Bien, ¿qué queremos decir cuando hablamos de practicar el piano? Significa sentarse y practicar lo que sabemos, luego aprender algo que no sabemos, ejercitándolo. Practicar significa cometer errores e intentarlo nuevamente. Usted va repetidamente sobre las escalas y ensaya los acordes hasta que los memoriza. Eso es práctica.

He estado en iglesias donde un solista toma la plataforma para cantar, pero era obvio que no había practicado con el acompañante. Sin práctica, el tan llamado ministerio se convierte en algo deprimente y embarazoso para cualquiera. ¿Quién disfruta una situación así? ¿Quién quiere escuchar a un predicador que no ha preparado su mensaje? ¿O ver un drama en el que no se ha tomado tiempo para el ensayo?

Del mismo modo es nuestra fe. Necesitamos practicar nuestra fe, estudiar la Palabra, memorizar las Escrituras, y practicar lo que creemos. En vez de escuchar la radio o mirar la televisión, ¡cuánto más beneficioso sería practicar lo que usted sabe que es verdad! Practicamos confesar a Cristo en público, confesándolo en privado. Manejando por el camino, trabajando en la casa o en el jardín, podemos decir fuertemente, "creo que Jesús es el Hijo de Dios. Creo que vino a la tierra del cielo, nació de una virgen, vivió una vida sin pecado, estuvo haciendo el bien y sanando a todos los enfermos y oprimidos por el diablo, fue clavado en una cruz, murió por mis pecados, y resucitó al tercer día...".

Esta es una confesión de Cristo y una práctica de nuestra fe. Luego, cuando escuchamos a alguien o tratamos de guiar a una persona en la "oración del pecador", sabemos qué tenemos que decir porque lo hemos practicado. Sabemos qué Escrituras usar para responder a sus preguntas. Sabemos qué viene después.

En momentos de tentación, confesar a Cristo nos da el poder que necesitamos para vencerla. La Biblia dice acerca de los santos en el cielo: *"Ellos le han vencido (Satanás) por la sangre del cordero, y por la palabra de su testimonio..."*.[14] ¡La sangre del cordero ya ha sido derramada por nosotros, pero para vencer, necesitamos añadir la palabra de nuestro testimonio!

Confesamos a Cristo al practicar nuestra fe, confesamos lo que creemos sobre Jesús, quién es Él en nuestras vidas, quién es Él para nuestros hijos. Confesamos quién es Cristo para el mundo, a los salvos y a los no salvos. Confesamos el poder de Cristo sobre Satanás y las cosas de este mundo.

Confesamos a Cristo valientemente a otros porque creemos en Él. Crecemos en gracia, fe, estatura con Dios y con el hombre mientras confesamos que Jesús es el Señor. Este es el poder de la espiritualidad positiva: la confesión de Jesucristo.

RECUERDE

+ Confesar lo negativo, luego lo positivo, es la clave para la salvación.

+ Cuando confesamos a Cristo, Dios nos reconoce públicamente ante los hombres, de muchas maneras.

+ Confesar a Cristo es necesario para identificarnos con Él.

+ Confesar a Cristo es esencial para comprometernos con Cristo.

+ Cuando confesamos a Cristo, el Espíritu de Dios se moverá en nosotros, y el poder de una espiritualidad positiva comenzará a obrar en nuestras vidas.

---

14. Apocalipsis 12:11

CAPÍTULO 11

HABLAR LAS PALABRAS DE DIOS

Dios, el Creador del universo, creó a las personas para que reflejaran su imagen. Como reflejo del Creador, todas las personas tienen su poder creador. Somos seres creados a imagen de Dios. Cuando ponemos la Palabra de Dios en nuestros labios y hablamos sus Palabras, tienen poder creador sobre nuestras circunstancias. Ellas tienen poder sobre nuestras vidas, y nos capacitan para mantener un nivel alto de vida cristiana.

> Cuando ponemos la Palabra de Dios en nuestros labios y hablamos sus Palabras, tienen poder creador sobre nuestras circunstancias.

Es importante entender que fuimos creados originalmente a imagen de Dios y, a través de la salvación, somos recreados en Cristo Jesús. Una de las diferencias entre nosotros y los animales es que los animales pueden procrear, pero no tienen poder creador. El hombre tiene una cierta medida del poder creador de Dios. La ciencia no puede crear; solamente puede descubrir lo que ya está creado. Los investigadores descubrieron la ley de la gravedad, y que la tierra era redonda. El origen venía de Dios.

Pero a causa de la imagen en la cual fuimos creados, el hombre tiene la habilidad de producir más allá de los sentidos físicos. El poder creador del hombre está en la imagen de Dios, que también significa su Palabra. Dios habló una palabra y los mundos que no existían repentinamente existieron.[1] De la misma manera, el hombre es capaz de influenciar el resultado de su vida con las palabras que habla. En Proverbios dice que la muerte y la vida están en poder de la lengua y aquellos que la aman comerán de su fruto.[2]

Cuando un hombre corteja a una mujer, puede encontrarse enamorado y deseoso de casarse con ella. Él puede fantasear con ese matrimonio, tener todo el afecto para el matrimonio y experimentar las cualidades emocionales del matrimonio, y aún así no hay matrimonio. Pero tan pronto como dice: "¿Te casarías conmigo?", él ha puesto en movimiento, por las palabras de su boca, algo que existirá o se extinguirá.

Toda la fuerza creadora empieza con su Palabra.

Un hombre puede ver un terreno vacío y pensar: "¡qué lugar tan lindo para un edificio!". Él puede pensar en los apartamentos, todo lo que tomaría construirlos, y todavía el terreno estaría vacío. Pero cuando busca un socio de negocios y dice: "Podemos

1. Hebreos 11:3; Romanos 14:17
2. Proverbios 18:21

construir apartamentos allí", empieza a crear algo que no existe. Una vez que habla, se compromete con la idea y juntos empiezan a explorar sus méritos. Toda la fuerza creadora empieza con su Palabra.

USE LA AUTORIDAD DE JESÚS

Cuando Jesucristo caminó en la tierra, demostró el poder creativo de hablar las palabras de Dios. En una oportunidad, los discípulos estaban en el mar con Él, cuando una feroz tormenta se levantó. El pánico se desató. En su terror los discípulos fueron empujados dentro de un mundo cargado de miedo. Estaban viviendo ese momento con ansiedad, tensión, estrés y una inminente tragedia. Cuando despertaron a Jesús, que estaba durmiendo tranquilamente, para contarle acerca del peligro, Él se paró encima de la proa del bote y habló una palabra creadora a la tormenta: "¡Calla, enmudece!".[3] Cuando Jesús la pronunció, el Espíritu Santo la cumplió y hubo paz.

Jesús fue a una casa donde una joven mujer estaba muerta. Dijo a todos los deudos que salieran, y Él le dijo a la joven mujer: "Levántate".[4] En ese momento, la vida se levantó donde ya no existía. Donde estaba el féretro de muerte, el radiante rostro de un alma viviente emergió. Su Palabra creó vida.

A otra persona Jesús le dijo: "Levántate, vete; tu fe te ha salvado".[5] Jesús habló, y el Espíritu trajo cada una de estas cosas a la existencia.

Jesús tenía al Espíritu de Dios sin medida.[6] Nosotros tenemos el Espíritu de Dios con medida. Cuando "morimos al mundo"

---

3. Marcos 4:39
4. Marcos 5:41
5. Lucas 17:19
6. Vea Juan 3:34

y permitimos que más del Espíritu more en nosotros, tenemos una mayor medida del Espíritu de Dios, pero ninguno de nosotros experimenta el Espíritu de Dios sin medida como Jesús lo hizo. Cuando Jesús habló, lo hizo por el ilimitado poder del Espíritu Santo dentro de Él. Dijo e hizo todo lo que Dios quería que dijera e hiciera, y fue siempre por el poder del Espíritu Santo. Él vivió en total dependencia del Espíritu.

Pero Jesús dijo una cosa peculiar: "...*las obras que yo hago también él las hará, y aun las hará mayores, porque yo vuelvo al Padre*".[7]

Pedro entendió esta delegación de poder rápidamente. Días después de que Jesús había ascendido al cielo, entró al templo a la hora de la oración. Allí vio a un hombre lisiado mendigando, esperando recibir algo. Pedro le dijo: "*No tengo plata ni oro, pero lo que tengo te doy; en el nombre de Jesucristo de Nazaret, levántate y anda*".[8]

Usando el nombre de Jesús, Pedro estiró su mano al mendigo y le ayudó a ponerse de pie. Y mientras el Espíritu de Dios confirmaba la palabra que Pedro había hablado usando la autoridad de Jesús, el hombre se puso de pie y empezó a caminar y a saltar. Sus piernas, paralíticas de nacimiento, fueron de repente llenas de fuerza y vida.

USE SU PALABRA DE PODER PARA CREAR LO BUENO

Cada palabra que hablamos es una palabra creadora. Nosotros creamos la frivolidad. Creamos la sobriedad. Creamos la lucha. Creamos la comodidad. Nuestro mundo está construido por nuestras palabras, como vemos en Proverbios. Las palabras son

---

7. Juan 14:12 NVI
8. Hechos 3:6

poderosas. Ellas crean daño o salud; crean bendición o maldición.

Podemos hablar nuestras propias palabras y crear nuestros problemas, o hablar las Palabras de Dios y crear soluciones.

Podemos hablar nuestras propias palabras y crear nuestros problemas, o hablar las Palabras de Dios y crear soluciones.

Podemos hablar nuestras palabras y crear un infierno, o hablar las palabras de Dios y crear un cielo.

Jesús dijo: *"Lo que sale del hombre, eso sí lo hace impuro. Porque de adentro, es decir, del corazón de los hombres, salen los malos pensamientos, la inmoralidad sexual, los robos, los asesinatos, los adulterios, la codicia, las maldades, el engaño, los vicios, la envidia, los chismes, el orgullo y la falta de juicio. Todas estas cosas malas salen de adentro y hacen impuro al hombre".*[9]

Mientras los hombres hablen palabras de lascivia, derrota, guerra y animosidad, ellos crean el mundo en el cual estas cosas existen. El mundo secular como existe hoy día fue recreado por hombres cuyos corazones se apartaron del Espíritu de Dios. Estos hombres estaban sujetos a la influencia satánica; entonces, cuando ellos hablaron lo que estaba en sus corazones, la influencia de Satanás permeó el mundo. Mire el periódico. Lo que vemos alrededor nuestro no es el mundo que Dios creó, sino el resultado de la influencia del hombre por las palabras que habla.

Sus palabras vienen de su corazón.

---

9. Marcos 7:20-23 TLB

Lo que haya en el corazón de una persona, lo que sea que esté en el pensamiento, saldrá en palabras. No le sorprenda que Dios diga que Él llamará a cada persona y le pedirá cuenta de cada *"palabra ociosa"* hablada.[10]

Cuando el Espíritu de Cristo está en nosotros, Dios nos da su pensamiento a través de su Palabra. Leer la Palabra de Dios no es un concurso de tiempo ni longitud. Es tomar la vida de Dios a través de su Palabra. Dios nos da "la mente de Cristo" en y a través de la Palabra de Dios.

A medida que comenzamos a pensar los pensamientos de Dios, empezaremos a hablar las palabras de Dios. Mientras hablamos las palabras de Dios, nuestro mundo es recreado. ¡Es celestial! Los ingredientes del cielo son amor, gozo, paz, paciencia, amabilidad, benignidad, fe, mansedumbre y templanza. Estos son conocidos como el "fruto del espíritu".[11] Estos "frutos" dentro de usted salen por sus palabras y se reflejan en su mundo.

La Biblia dice: *"Los fariseos le preguntaron a Jesús cuándo había de llegar el reino de Dios y Él les contestó: El reino de Dios no va a llegar en forma visible, no se va a decir: aquí está o allí está; porque el reino de Dios ya está entre ustedes".*[12]

Debido a que el Espíritu de Dios mora en usted, el reino de Dios está dentro de usted, y cada Palabra de Dios se convierte en su pensamiento. El Espíritu de Dios se convierte en la unción: la vida de Dios en usted.

Estuve en una situación hace algunos años, cuando fui herido terriblemente por otros. Dios tomó esas heridas y las cambió en un nuevo desempeño del ministerio, haciendo algo hermoso de

10. Mateo 12:36
11. Vea Gálatas 5:22,23
12. Lucas 17: 20, 21 AMP

las cenizas de mi vida, de acuerdo con su Palabra.[13] Pero cuando regresé al pueblo donde ocurrió la ofensa un año después, comencé a decir cosas, a hacer memoria sobre personas que no habían venido a mi mente desde que Dios me había curado de esas heridas meses antes. Estaba perdiendo mi paz y gozo. Me di cuenta de que estaba resucitando el dolor de la situación. Tuve que controlar mi lengua, o habría terminado hablando palabras que hubieran revivido la situación entera. Me arrodillé y me arrepentí de mis palabras y actitudes. Empecé a confesar lo que Dios había hecho por mí, cómo me había purificado de esos fracasos, y la percepción de mi vida empezó a cambiar.

Estaba creando una atmósfera ausente de Dios, diciendo lo que yo quería decir de acuerdo a las emociones, sentimientos, ego, celos, heridas y viejas actitudes. Hablar en obediencia a los pensamientos de Dios en vez de mis propios pensamientos, cambió la situación y me restauró hacia una posición de victoria.

Cuando Dios dice en su Palabra que Él habita en la alabanza de su pueblo,[14] Él quiere decir literalmente eso. Cuando nuestros corazones sobreabundan con gratitud y agradecimiento a Dios, lo alabamos y llenamos el aire con palabras y canciones, creando una atmósfera donde experimentamos la presencia de Dios.

Cambie su corazón, luego permita que las palabras nuevas de vida fluyan de usted. La gente negativa lo evitará y las personas positivas empezarán a ser sus amigos. Ellos traerán cosas más positivas a su vida.

Si todos en el mundo de hoy se arrepintieran, recibieran el Espíritu de Cristo y comenzaran a hablar solamente palabras

---

13. Vea Isaías 61:3
14. Vea Salmos 22:3

inspiradas del Espíritu, nuestro mundo cambiaría. Tendríamos el cielo aquí en la tierra. Así es como sería el cielo.

¿Tiene usted una necesidad o alguien que usted conoce tiene un problema? Entonces ore y dígalo con la autoridad de Jesús. Permita que el Espíritu Santo traiga sanidad a su vida hablando las palabras de Jesús. Él le dio la autoridad para hablar sus palabras. Usted es su boca, sus ojos, sus manos, sus oídos. Usted es el Cuerpo de Cristo aquí en la tierra. Muy aparte de quién esté en necesidad, si el Señor le da una palabra de sanidad para hablar, entonces háblela por Cristo.

Hable palabras de fe, no de miedo, ¡y vea lo que Dios puede hacer!

Hable palabras de fe, no de miedo, ¡y vea lo que Dios puede hacer!

Viva victoriosamente al ser purificado del fracaso, confesando a Cristo, y hablando la Palabra de Dios. Invierta en estudiar la Palabra y la oración de Dios, para prepararse para su próximo cambio.

Puede fallar de tiempo en tiempo, pero si toma estos principios en su corazón y nunca se rinde, ¡usted será un campeón!

Dios es el Autor de su éxito.

Confíe en Él.

Sea libre en Él.

Viva libre.

Los campeones no son aquellos que nunca fracasan, sino aquellos que nunca se rinden. ¡Nunca se rinda!

Los campeones no son aquellos que nunca fracasan, sino aquellos que nunca se rinden. ¡Nunca se rinda!

RECUERDE

+ El hombre es creado a imagen de Dios, con una medida del poder creador de Dios en su Palabra.

+ Influenciamos los resultados de nuestras vidas con las palabras que hablamos. Nuestro mundo es edificado por nuestras palabras. Las palabras son poderosas.

+ Cuando empiece a pensar los pensamientos de Dios, comenzará a hablar las Palabras de Dios. Cuando habla de Dios, su vida es cambiada a un lugar digno del Dios Viviente.

+ Cambie su corazón; cambie sus palabras, cambie su mundo.

+ ¡Nunca se rinda!

OTROS TÍTULOS DEL MISMO AUTOR

APRENDA SOLUCIONES PRÁCTICAS Y MANEJABLES CONOCIDAS SOLO POR CAMPEONES Y LÍDERES

Edwin Cole nos revela secretos para los problemas diarios que no permiten a las personas alcanzar su máximo potencial.

Este mensaje directo y desafiante incluye estas leyes escondidas para ayudarle a:

♦ Fortalecer sus atributos positivos.

♦ Levantarse por encima de la injusticia y la crítica.

♦ Cambiar la tensión por paz mental.

♦ Resolver conflictos mentales y el sentimiento de culpabilidad.

♦ Convertir la ansiedad en motivación.

♦ Recuperar su visión y renovar sus sueños.

♦ Descubrir fórmulas para el éxito en el futuro.

♦ Descubrir estos principios brillantes para que pueda cumplir su destino.